EL PODER DEL JOURNALING Y DE TENER UN DIARIO

Descubre Cómo Lograr tus Metas y Acelerar tu Desarrollo Personal al Escribir en un Diario

HUGHIE BOND

Índice

Introducción

¿Se siente como si estuviera atrapado en un lugar mientras el mundo se mueve a su alrededor? Puede ser en el ámbito profesional, creativo o personal. Puede que no tengas una visión clara de cómo quieres que sea tu vida y sientas que sólo reaccionas a las acciones de los demás, lo que te deja con ganas de más. O tal vez sí tengas objetivos y aspiraciones claros, una visión de tu vida ideal, que no has podido poner en práctica, ya sea por factores externos que te lo impiden o por cuestiones internas que te lo impiden. Mientras otros alcanzan sus objetivos, tú puedes sentir que te quedas atrás, mientras ellos saltan hacia nuevos logros y actividades. Los consejos que te dan no parecen funcionar para ti, dejándote frustrado.

Si estás leyendo este libro, puede que te sientas identificado con estos sentimientos de frustración, percibiendo la misma falta de impulso en tu propia vida. Cuando te enfrentas a estas luchas, puede ser fácil sentir que eres incapaz de alcanzar tus objetivos, o que tu vida ideal es un sueño que nunca llegarás a vivir. Esto puede convertirse en un ciclo de derrota; una profecía autocumplida que te impide ver tu vida con claridad sin la niebla de la frustración que te nubla.

Quiero dejar claro ahora que estos pensamientos negativos son falsos, y que la niebla de la frustración es sólo eso, y puede ser fácilmente eliminada. Al coger este libro, has dado el primer paso para disipar esos pensamientos, y el primer paso para lograr la vida de tus sueños. Con los consejos y habilidades que aprenderás en estas páginas, estarás firmemente en el asiento del conductor de tu propia vida, ya no serás un pasajero en un viaje desconocido, sino un conductor seguro capaz de sortear los obstáculos con facilidad y dirigirte a una nueva autopista de potencial.

El primer paso en este viaje es eliminar cualquier sentimiento de miedo, vergüenza o inferioridad que puedas haber adquirido a través de anteriores reveses. Estos sentimientos pueden parecer que te protegen, impidiendo que experimentes más vergüenzas o fracasos, pero lo hacen presentando una versión falsa de ti mismo que limita tus posibles fracasos y tu éxito potencial.

Con esta guía, aprenderás a expresarte sin miedo, empezando por el espacio seguro de tu diario, y empezarás a ver una imagen real de ti mismo, y de cómo vives tu vida. Llevar un diario sobre tu vida también te ayudará a tomar distancia y perspectiva, y podrás examinar con claridad situaciones pasadas, evaluando qué te funcionó y qué otras opciones podrías haber tomado. A continuación, podrás aplicar esta claridad al futuro, analizando los posibles obstáculos y formulando soluciones que te permitan superarlos rápidamente y pasar a la siguiente etapa de tu nueva realidad.

Habiendo experimentado personalmente el valor de llevar un diario, he querido reunir mi experiencia y conocimientos para compartirlos con el mundo, compartiendo los beneficios que he disfrutado como resultado de llevar un diario. He sido una ávida escritora de diarios desde que podía sostener un bolígrafo y, aunque mi diario ha cambiado de forma y ha mejorado a medida que mejoraba mi capacidad, la esencia del diario ha permanecido igual, proporcionándome una clara representación de mí misma, de mis sentimientos y de los acontecimientos de mi vida, que podía utilizar tanto para reflexionar como para tomar medidas. Puedo decir honestamente que sin mi práctica del diario no estaría donde estoy hoy, habiendo disfrutado de dos carreras exitosas y sintiéndome profesional y personalmente satisfecha con mi vida.

Empecé mi carrera como entrenadora personal, antes de convertirme en consejera, lo que he sido durante los últimos diez años.

Aunque el paso de entrenadora personal a consejera podría verse como un cambio total de carrera, de un trabajo activo y rápido a otro mucho más considerado y sedentario, yo lo veo como un simple cambio en la forma de trabajar con la gente y ayudarla a crecer. Puede resultar sorprendente, pero he utilizado el diario como herramienta clave a lo largo de mis dos carreras. Cuando empecé como entrenadora física, animaba a mis clientes a llevar un registro de los ejercicios que hacían fuera de nuestras sesiones, así como de los alimentos con los que alimentaban sus cuerpos. A medida que fui aprendiendo más sobre los diarios, los registros que les pedía que mantuvieran empezaron a evolucionar hasta convertirse en diarios similares a los que comento aquí. Cuando me convertí en consejera, el proceso de registro que había creado evolucionó de nuevo para centrarse más en la salud mental y en la comprensión de los procesos de pensamiento no saludables.

A menudo se piensa que llevar un diario es algo que mejora la perspectiva mental o que ayuda a superar los sentimientos desagradables y, aunque esto es cierto, llevar un diario también tiene que ver con los logros. Puedes utilizar tu diario para establecer objetivos y documentar tu camino hacia ellos, lo que lo convierte en una herramienta perfecta para la mejora personal de todo tipo, incluida la mejora física.

De hecho, estos dos resultados, el aumento de la fuerza mental positiva y la consecución de objetivos, están interrelacionados. Como he comentado al principio de esta introducción, sentirse frustrado y negativo con respecto a uno mismo y a sus capacidades puede hacer que se repliegue sobre sí mismo y se aleje de las oportunidades, convencido de que no será capaz de tener éxito en las nuevas situaciones. Trabajar en tu autoestima y aumentar tu confianza te permitirá aprovechar esas oportunidades y trabajar para conseguir tus objetivos, ya sean a corto o a largo plazo. Por el contrario, lograr algo por lo que has estado trabajando, o incluso poner en marcha un plan concreto que te ayude a alcanzar tu objetivo, puede aumentar tu sensación de autoestima de forma exponencial. No tiene por qué ser un logro masivo, ya que incluso dar pequeños pasos hacia un objetivo puede llenarte de sentido, elevando tu autoestima y tu salud mental en general.

Puedes pensar en llevar un diario como una oferta de "compre uno y llévese otro gratis", ya que te proporciona ambos resultados a la vez. Esto funciona porque te da una visión significativa de tus pensamientos y sentimientos, de las decisiones que has tomado y de por qué has actuado como lo has hecho. Tener esta información abre tus opciones para el futuro, ya que puedes tomar el control y poner en práctica tus planes con pleno conocimiento de lo que quieres y de cómo trabajar contigo mismo, y con los demás, para lograr tus objetivos.

A lo largo de mi carrera, he visto a muchos de mis clientes florecer a través del arte de llevar un diario y convertirse en personas seguras de sí mismas, capaces de elaborar y ejecutar planes claros para sus objetivos vitales.

Una clienta se sentía atascada en su trabajo, trabajando muchas horas en un campo que le interesaba poco, lo que la dejaba exhausta y con poco tiempo para dedicar a sus intereses. Esto estaba afectando negativamente a su estado de ánimo, y por ello acudió a mí en busca de asesoramiento. Quería que la ayudara a regular sus emociones y a poner en marcha mecanismos de afrontamiento para mejorar su estado de ánimo. Llevar un diario resultó ser una herramienta increíblemente eficaz en su caja de herramientas emocionales, pero también la impulsó a hacer cambios concretos en su vida. Una vez que tuvo un registro de cómo pasaba sus días, fue capaz de utilizarlo para dedicarse tiempo a sí misma, haciendo un esfuerzo para volver a conectarse con los pasatiempos que había disfrutado anteriormente, como la artesanía.

Se dio cuenta de lo mucho que disfrutaba con las manualidades y se marcó como objetivo personal avanzar hacia un trabajo en ese sector, lo que mejoraría su satisfacción laboral y su salud mental. Ahora dirige su propia empresa de éxito que fabrica kits de manualidades. Su trayectoria hacia el éxito y la felicidad no es inusual y se repite en muchos otros clientes con los que he trabajado.

Muchos clientes de entrenamiento personal, que acudieron a mí simplemente para que les ayudara con su forma física, también hicieron cambios en sus vidas, aparte de perder peso o ganar músculo, como resultado de su experiencia con el diario, como cambiar de carrera, mudarse de país y conocer nuevas parejas.

Puedes experimentar el mismo cambio de mentalidad y crecimiento personal que han experimentado mis clientes, te lo prometo. Con este libro, he querido ampliar mi lista de clientes y ayudar a más personas, incluyendo a cualquiera que se haya sentido alguna vez atascado o frustrado en su vida, incluido tú. Con estas habilidades y herramientas, podrás llevar tu vida al siguiente nivel, haciendo cosas que nunca creíste posibles, o que otros te impidieron hacer anteriormente. El resto de tu vida puede cambiar, convirtiéndose en un emocionante viaje de crecimiento personal. Entonces, ¿por qué esperar?

El crecimiento ocurre todo el tiempo, de forma incremental, y con este libro tienes el poder de empezar inmediatamente a cambiar tus patrones de crecimiento de malos hábitos a mejores. Puede parecer difícil cambiar tu comportamiento al principio, ya que muchas de nuestras acciones se construyen con el tiempo y están arraigadas en nuestras rutinas.

Aunque tengas la sensación de que tus pensamientos cambian constantemente, es muy fácil dejarse arrastrar por patrones de pensamientos negativos, que pueden impedirte avanzar. El autoconocimiento puede resultar a veces incómodo, ya que nos presenta una imagen clara de nuestros puntos fuertes y nuestros defectos, y a menudo nuestro cerebro reacciona para ocultar esta conciencia, con el objetivo de evitar que experimentemos esta incomodidad. Sin embargo, poco a poco podemos ir aumentando nuestra comodidad con nuestro propio yo y utilizar esta conciencia para trabajar en los aspectos de nosotros mismos que deseamos cambiar y utilizar nuestros puntos fuertes para conseguir nuestros deseos. El diario es el espacio perfecto para este proceso de aumento de la autoconciencia, ya que proporciona un entorno seguro para aprender sobre uno mismo con total honestidad y sin miedo a ser juzgado.

Los beneficios de llevar un diario que he observado en el trabajo y en mi investigación pueden ser tuyos, y cada capítulo de este libro te llevará más lejos en el viaje hacia una nueva versión de ti mismo, consciente y segura.

Además de proporcionar una visión general de la historia y la filosofía del diario, introduciendo las filas de los escritores exitosos de diarios a través del tiempo, también te llevaré paso a paso a través de los aspectos prácticos de cómo comenzar tu diario, incluyendo cómo hacer que sea una parte integral de tu vida diaria.

Hay un estilo de diario para cada persona -quizás incluso varios- y te presentaré una variedad de ellos, para que puedas encontrar el que es perfecto para ti, y lo que esperas lograr con tu diario.

Hasta ahora me he centrado en los beneficios mentales de llevar un diario, y en el impacto que puede tener en tu vida, pero también te llevaré a través de los beneficios físicos que puedes empezar a notar mientras llevas un diario. Con este libro como guía, obtendrás la capacidad de trabajar con confianza y éxito hacia cualquier objetivo que desees, alcanzando tu máximo potencia.

1

La Base

Hemos hablado de algunos de los beneficios de llevar un diario que he experimentado y presenciado personalmente, y de cómo el proceso de llevar un diario funciona en conjunto para mejorar tu perspectiva y ayudarte a ser más proactivo, ayudándote a lograr tus objetivos. Pero, ¿qué es exactamente llevar un diario? ¿Y de dónde viene?

Aunque estudiaremos la definición de un diario y exploraremos en qué se diferencia de otras formas de registro, como la agenda, no te preocupes por quedarte atrapado en una rutina rígida de registro. La flexibilidad de la forma del diario y su capacidad para adaptarse a tus necesidades es lo que lo convierte en una herramienta tan valiosa. Tu viaje es personal para ti, así que las herramientas que necesitas para recorrerlo también serán personales para ti.

A continuación, me adentraré en el pasado del diario, observando cómo ha evolucionado y cambiado a lo largo del tiempo, para darle una idea de la riqueza de la tradición y la historia de la que forma parte como escritor de diarios. Naturalmente, con un medio tan personal, también hay una historia personal del diario. Te llevaré a través de importantes figuras históricas que escribieron un diario, explorando toda la amplitud de lo que puedes lograr con esta técnica. Sin embargo, el diario es, por supuesto, una forma viva y cambiante, y hay muchas celebridades modernas y otras personas de éxito que atribuyen su viaje al diario. Con esta visión general de la forma y las historias personales que hay detrás, te sentirás arraigado en la tradición de los escritores de diarios, con una base sólida con la que empezar tu propio viaje.

La definición de un diario

La definición más común de un diario es que se trata de una forma de registro escrito que lleva una persona sobre su vida, anotando los acontecimientos de cada día y, a veces, sus sentimientos sobre estos acontecimientos. Esto es lo que la mayoría de nosotros tenemos en mente cuando pensamos en llevar un diario, y abarca una serie de técnicas diferentes que la gente utiliza para llevar un diario.

Sin embargo, incluso esta amplia definición es flexible y puede modificarse para adaptarla a tus necesidades.

Un punto de flexibilidad es la referencia a registrar cada día. Es posible que al leer la definición te hayas preguntado por la similitud con la definición de diario. Estas dos formas se utilizan a menudo indistintamente, pero hay sutiles diferencias entre ellas. Un diario es un registro diario de los acontecimientos del día y, como tal, suele formar parte de un proyecto de diario más amplio. Sin embargo, un diario es más dinámico que un registro estático de eventos, ya que funciona como un lugar activo para trabajar y procesar tus pensamientos y sentimientos.

Mientras que un diario se centra principalmente en el pasado, un diario utiliza las lecciones del pasado para mirar al futuro, planificando los pasos necesarios para alcanzar tus objetivos y hacer que tu futuro sea el presente.

. . .

El diario es un registro de tu mente en acción, basado en la autoconciencia que has adquirido al ver tu vida con claridad.

Esta autoconciencia se construye a través del registro en forma de diario de tu vida en movimiento, lo que te permite ver dónde se pueden hacer cambios, pero la sensación de movimiento hacia adelante y de logro que te da un diario es lo que lo convierte en una forma diferente.

El hecho de que un diario se incorpore a menudo a la forma de diario te da una idea de su adaptabilidad. Tu diario puede incluir lo que quieras: un registro de hábitos, un plan de comidas, elementos visuales como collages o fotografías, siempre que sientas que estas herramientas te ayudan a centrarte en tu vida y en tus objetivos.

El diario hasta hoy

Hablar de la historia del diario no pretende asustarte, sino darte una idea de la larga tradición del diario y de la riqueza de las figuras históricas de éxito que utilizaron el diario como herramienta. Estas figuras famosas son ahora tus compañeros.

Usted es un escritor de diarios como lo fueron ellos, y debería estar orgulloso de ocupar su lugar entre sus filas.

Esta visión general de la historia del diario es para darle la bienvenida y darle un vistazo a la tradición de la que ahora forma parte, y el valor que ha aportado a generaciones de personas.

La línea de tiempo de la revista

El diario es, como todo registro escrito, un objeto más frágil, que se daña o borra con facilidad, por lo que por cada ejemplo de diario histórico que tenemos la suerte de conservar hoy, podemos suponer que hay miles de miles más que han sido destruidos por el tiempo. Aun así, la historia del diario puede remontarse a milenios atrás, demostrando la vitalidad de este arte para la raza humana.

. . .

Uno de los primeros ejemplos de diario se remonta casi 2.000 años atrás, a la antigua China, con el registro diario de un hombre que iba a realizar una ofrenda para el emperador en el monte Tai. En una sociedad en la que el emperador era la única fuente de la verdad y de la historia oficial, el diario de Ma Dubo es un valioso registro de cómo vivía, trabajaba y pensaba el pueblo chino de la época.

En una línea similar, el diario de Michitsuna no Haha ("la madre de Mich- itsuna" en japonés) de Japón en el año 974 d.C. nos ofrece la vida cotidiana y la perspectiva de una mujer en la corte japonesa de Heian, lo cual es increíblemente valioso dado lo escasas que son las voces de las mujeres dentro de la historia. La mujer anónima mantuvo un relato detallado no sólo de sus acciones, sino también de sus emociones, describiendo su soledad en la corte, su dolor por la muerte de su madre y celebrando los éxitos de su hijo en diversos concursos.

Sin embargo, los diarios no se limitaban a la gente corriente. También tenemos relatos de emperadores y otros gobernantes distinguidos, que nos dan una visión personal no sólo de los detalles de su gobierno, sino de cómo pensaban en el liderazgo y a qué daban prioridad.

. . .

El emperador romano Marco Aurelio llenó doce libros de diarios entre los años 167 y 180 d.C., traducidos como "Cosas de uno mismo", y conocidos hoy como sus "Meditaciones". Aunque todos estos primeros ejemplos coinciden con nuestra concepción moderna de los diarios, en el sentido de que recogen relatos personales de acontecimientos, pensamientos y sentimientos, hay una diferencia importante entre ellos y los diarios que llevamos hoy en día.

Históricamente, los diarios eran una forma de registro público, y a menudo estaban destinados al consumo público.

Michitsuna no Haha, por ejemplo, pretendía que su diario fuera leído por otras mujeres de la corte, y formara un puente de conexión entre ellas.

Es difícil determinar con exactitud el paso del registro público a la rumiación privada, pero muchos historiadores creen que empezó a cambiar en el siglo XVII y señalan a Samuel Pepys como uno de los primeros en llevar un diario privado. El diario de Pepys es quizás uno de los diarios históricos más famosos, ya que abarca diez años de su vida y más de un millón de palabras. Estos diez años, 1659-1669, abarcan importantes acontecimientos históricos como el Gran Incendio de Londres, la peste y la ascensión al trono del rey Carlos II, así como detalles más personales como su casa, sus finanzas e incluso sus aventuras con actrices.

Debido a estos detalles potencialmente incriminatorios, protegió ferozmente la privacidad de su diario, e incluso escribió en clave en algunas ocasiones, demostrando el cambio hacia la concepción moderna del diario como "sólo para sus ojos".

Aunque los diarios de viaje han sido populares a lo largo de la historia, en el siglo XVIII los diarios se convirtieron en una actividad más creativa, utilizada por escritores y artistas como Kafka y Tolstoi. Con el auge de la guerra moderna, especialmente la de trincheras, el diario de guerra se hizo más común. Aunque no cabe duda de que los escritores de diarios sintieron los beneficios mentales de llevarlos, el reconocimiento explícito del potencial terapéutico de los diarios comenzó realmente en la década de 1960, con las clases del Método del Diario Intensivo del Dr. Ira Progoff. En 1978 se publicaron tres libros de referencia sobre el diario y el desarrollo personal, incluido uno del Dr. Progoff. El diario se introdujo en el sistema educativo y, con el auge de las redes sociales, en

Internet. Esto es casi un retorno a la concepción histórica del diario como una forma de registro público, ya que los blogs, los vlogs y los sitios web de redes sociales como Instagram están diseñados para compartir tus pensamientos con otras personas. La naturaleza pública de los diarios de Internet es la razón por la que no se tratan en este libro, ya que creo que la naturaleza privada del diario es lo que crea ese espacio seguro y permite ser totalmente honesto con uno mismo.

Escritores de revistas históricas

Muchos de estos escritores de diarios históricos sólo son conocidos gracias a que sus diarios han sobrevivido y se han convertido en útiles documentos históricos. Ma Dubo y Michitsuna no Haha, por ejemplo, sólo son conocidos por nosotros porque tenemos sus diarios, e incluso entonces, no conocemos el nombre propio de Michitsuna no Haha, sólo los nombres de otros que escribió.

Samuel Pepys tuvo una exitosa carrera dentro del gobierno naval, pero de nuevo es más famoso por su infalible registro del tiempo.

. . .

Sin embargo, si cambiamos el enfoque y no nos fijamos en los diarios famosos, sino en los individuos famosos, podemos ver que muchas figuras históricas importantes también llevaban diarios, con diferentes grados de privacidad.

Esto es ciertamente cierto en el caso de Marco Aurelio, quien, cuando escribió su diario, era el hombre más poderoso del mundo, debido a la extensión y riqueza del Imperio Romano que comandaba. Su diario combina sus propias meditaciones sobre el liderazgo y el éxito con secciones de la filosofía estoica, dándonos una idea de cómo dirigía y en qué se inspiraba.

La importancia del diario para el emperador puede verse claramente, ya que se tomó el tiempo para escribir este diario mientras se encontraba en una situación tensa y peligrosa, el frente de la guerra con Germania.

La conexión entre el liderazgo y el diario puede verse de nuevo en Benjamín Franklin, un polímata de talento y uno de los Padres Fundadores de los Estados Unidos.

. . .

Científico, inventor, estadista, impresor y político, Franklin dejó tras de sí un largo legado de logros. ¿Cómo lo hizo todo? No hay duda de que era inteligente y talentoso por naturaleza, pero una pista de su éxito se encuentra en su diario. Creó un programa de superación personal basado en trece principios morales y registró sus intentos de vivir según ellos en su diario, anotando cada fracaso y reflexionando sobre los logros de cada día. Se preguntaba a sí mismo "¿Qué bien debo hacer hoy?" y se ceñía a un estricto calendario para alcanzar sus objetivos.

Todas estas son variaciones de las técnicas de escritura de un diario que puedes poner en práctica tú mismo, y te explicaré cómo hacerlo más adelante en el libro.

No sólo los líderes políticos y los jefes de Estado han utilizado el diario para alcanzar sus objetivos, sino también los líderes de diversos campos. La escritura de diarios en las ciencias puede tener una forma ligeramente diferente al programa de superación personal de Franklin, más comúnmente colecciones de notas y cálculos preliminares, pero siguen mostrando la importancia de tener un espacio personal para que la mente trabaje en los problemas. Los cuadernos del célebre físico Albert Einstein, por ejemplo, abarcan desde bocetos garabateados y rápidos juegos y rompecabezas matemáticos hasta cálculos y notas para lo que más tarde sería su teoría de la relatividad en su cuaderno de Zúrich, completado en 1912-13.

Las notas de Einstein, más de 80.000 páginas, son un valioso registro del proceso de pensamiento de un hombre increíblemente inteligente, que muestra su propia brillantez, pero también su capacidad para colaborar y considerar las ideas de otras personas.

Las teorías e ideas científicas más importantes suelen tener su origen en las notas de un diario, y esto es tan cierto en el caso de la evolución como en el de la relatividad. Charles Darwin escribía a menudo un diario, en el que hacía observaciones a lo largo de sus viajes y especulaba sobre las conexiones entre los fenómenos naturales.

En estos cuadernos podemos ver el primer esbozo de un árbol evolutivo, así como los inicios de la teoría de la selección natural y El origen de las especies.

Leonardo da Vinci es otro polímata, cuyos cuadernos combinan estudios anatómicos, ingeniería mecánica, dibujos, inventarios de ropa e ideas para inventos que utilizamos hoy en día, como tanques y bombas de agua.

Leonardo da Vinci fue un hombre del Renacimiento, famoso tanto por sus logros científicos como por los creativos, y la prueba de que un diario puede cambiar para dar cabida a todo lo que se quiera lanzar.

Por supuesto, llevar un diario puede parecer una extensión natural de la creatividad para los que trabajan en el sector artístico, y eso podría explicar por qué tantos artistas, escritores y filósofos llevan un diario. Mark Twain, el famoso escritor estadounidense, llevó un diario desde los 21 años, llenando 50 cuadernos a lo largo de su vida con observaciones y pensamientos que se pueden rastrear en su obra publicada. Anaïs Nin valoraba tanto el diario que consideraba sus cuadernos como su mejor obra, por encima de sus ensayos y obras de ficción publicadas, mientras que Ernest Hemingway llevaba un registro detallado de toda su vida, basándose en sus diarios para dar sentido a sus pensamientos y organizar su vida.

Los artistas utilizaban sus diarios para guiarse en el difícil e incontrolable proceso de la creatividad y la inspiración, y esta constancia es una ventaja de la que puede beneficiarse cualquiera, no sólo los que trabajan en industrias creativas.

Los beneficios de escribir un diario

Las secciones anteriores han tocado algunos de los beneficios experimentados por los escritores de diarios exitosos del pasado y espero que le hayan dado una idea del valor y la amplitud de la tradición de la que ahora forma parte. Ahora quiero trasladar la historia del diario a la actualidad y examinar algunos ejemplos de escritores de diarios con éxito dentro de nuestro momento y sociedad actuales, así como desgranar algunos más de los beneficios que la escritura de diarios ha proporcionado a estas celebridades, empresarios y campeones deportivos.

Estos son ejemplos de las formas más públicas de logro que puedes alcanzar usando el diario, pero los éxitos más silenciosos y privados son igualmente importantes, y te llevaré a través de algunos testimonios de logros personales de mis clientes y extraeré de estas historias de éxito lo que puedes esperar obtener de tu proyecto de diario.

. . .

Escritores de éxito

Tal y como sugiere la historia del diario, su popularidad no ha hecho más que crecer a lo largo de los siglos, y las historias de éxito del pasado continúan en el presente. Al descubrir las rutinas y los viajes de las personas de éxito, ricas y famosas, se observa con frecuencia un hábito de llevar un diario de una forma u otra, lo que revela una vez más la importancia que puede tener llevar un diario para enfocar la mente hacia objetivos más grandes y brillantes, lo que le permite ascender rápidamente a la cima de su campo. Muchos actores de Hollywood son también escritores de diarios de Hollywood, que utilizan para hacer un seguimiento de sus emociones y trayectorias a través de una industria muy agitada y cambiante.

Jennifer Aniston, una de las estrellas de la entrañable comedia Friends, comenzó a actuar a una edad temprana y, al mismo tiempo, a escribir su diario.

Al parecer, lleva un diario desde los 13 años y lo considera una forma de terapia, que le permite trabajar sus emociones en la página y le permite guardar el drama para la gran pantalla.

. . .

Otra conversa del diario, y antigua estrella infantil, es Emma Watson, que también ha llevado un diario durante años. En una entrevista, Emma describió su proceso de llevar un diario, describiendo los distintos tipos de diarios que lleva, incluidos los de sueños, consejos, yoga, trabajo de interpretación e incluso observaciones sobre la gente que conoce. Emma aprecia claramente la flexibilidad del diario, que le permite hacer un seguimiento de múltiples áreas de su vida, aunque cuando llegue el momento de empezar su diario, puede elegir si seguir a Emma en un proyecto de varios diarios, o racionalizarlo en un solo diario para facilitar el acceso.

El diario aparece en la vida de empresarios de éxito, así como de actores y otras estrellas creativas. Steve Jobs, uno de los cofundadores de Apple Inc. que hoy es una de las mayores empresas tecnológicas y la marca más valiosa del mundo, empezaba cada día con una forma de meditación reflexiva que se asemeja a las indicaciones del diario.

Reveló que empezaba cada día preguntándose a sí mismo: "Si hoy fuera el último día de mi vida, ¿querría hacer lo que voy a hacer hoy?" y utilizando su respuesta como guía de cómo sentía que iba su vida, e inspirándose para cambiar si la respuesta era repetidamente "no".

. . .

Aunque Jobs pasaba sus cinco minutos de reflexión frente al espejo del baño y no frente a un diario, el principio de tomarse un tiempo para considerar el día, y la vida, por delante, es el mismo en la escritura del diario. John Paul DeJoria, el multimillonario fundador de marcas como el tequila Patron y el cuidado del cabello Paul Mitchell, tiene una práctica reflexiva similar. Dedica los primeros cinco minutos de la mañana a reflexionar sobre sí mismo, y encuentra una sensación de calma y seguridad que le dura todo el día. Estos ocupados líderes empresariales dieron prioridad a sus rutinas de reflexión, lo que demuestra lo valiosas que les resultan las herramientas que les ayudan a rendir al máximo.

Testimonios

Hasta ahora, te he llevado a través de los hábitos de llevar un diario de personas de éxito muy público, ya sean figuras históricas, estrellas de cine de Hollywood, gigantes de los negocios o multimillonarios, pero esto no debería intimidarte. Llevar un diario es para todo el mundo, independientemente de cuáles sean tus objetivos. Si tus deseos para tu vida incluyen la fama o la riqueza extrema, estos ejemplos deberían servirte de acicate, demostrando las posibilidades de éxito de alto nivel que se pueden alcanzar. Sin embargo, si su concepción del éxito es una vida bajo el radar público, con logros más personales y privados, la escritura del diario sigue siendo la herramienta para usted. También puede descubrir que, a medida que se centre en su vida y comience a avanzar en las áreas que desea, sus sueños cambiarán y crecerán, sin estar ya limitados por circunstancias desfavorables o incluso por su propia autoestima. Ya he hablado de la experiencia de una de mis clientas al respecto: cómo empezó a escribir un diario como herramienta para ayudar a su salud mental y lo utilizó para cambiar su vida y empezar su propio negocio. Ahora quiero contarte la experiencia de uno de mis clientes de entrenamiento personal, que sólo había acudido a mí para mejorar su estado físico general, y gracias a las habilidades que adquirió trabajando conmigo, mejoró toda su vida.

Alan, como le llamaremos, era un consultor informático de treinta y tantos años que trabajaba en el servicio de atención al cliente y que quería un entrenamiento personal porque le habían advertido que la combinación de un trabajo de oficina sedentario, la falta de ejercicio y una dieta poco saludable podría provocarle problemas cardíacos si no cambiaba nada. Como siempre hago, le pedí que llevara un diario durante una semana, para hacerme una idea de cómo vivía su vida, y de dónde podíamos sacar tiempo para su plan de ejercicios.

Examinar su vida con tanto detalle fue el primer empujón hacia la autoconciencia total que había experimentado, y elaboramos una lista de cambios para ponerlos en práctica poco a poco, como levantarse más temprano para hacer ejercicio antes del trabajo y reservar un día para preparar las comidas.

Siguiendo este plan, Alan se puso rápidamente más y más sano, ganando músculo y sintiéndose mucho más activo.

También me expresó cómo el hecho de tomarse este tiempo para cuidar de sí mismo, y llevar un registro de ello, estaba mejorando su sentido de autoestima, devaluado por años de trabajo desmoralizante de servicio al cliente. Ahora era consciente del valor de su mente y su cuerpo, y al tratarse a sí mismo con respeto, empezó a exigir más a los demás. Aunque mis sesiones con Alan llegaron a su fin, se puso en contacto conmigo varios años después para darme las gracias.

Provocado por el sistema de diario que le había recomendado, su mayor determinación y autoestima le habían llevado a emprender un viaje, dejando la empresa de TI primero para viajar por el mundo, luego para crear su propia empresa en un hermoso destino de vacaciones, ofreciendo experiencias de viaje únicas a otros turistas, y luego para formar una familia, habiendo conocido un alma afín en sus viajes. Llevar un diario le empujó a considerar su vida con claridad, y a preguntarse qué más podría estar experimentando. El testimonio de Alan fue uno de los que me impulsó a escribir este libro, ya que sentía que el poder que él había adquirido a través del diario debía estar disponible y ser fácilmente accesible para cualquiera que lo necesitara.

¿Qué significa esto para usted?

Ahora que tiene una idea de la historia del diario, puede empezar a apreciar la riqueza de la tradición y la experiencia en este campo. Puede estar seguro de que, independientemente de cómo o para qué quiera utilizar su diario, habrá un escritor anterior en el que podrá inspirarse o una serie de escritores en los que podrá inspirarse para crear su propio diario original. Espero que este capítulo también te haya dado una idea del valor de la escritura de un diario, que ha significado tanto para tantos a lo largo de la historia.

Puede que también hayas empezado a percibir cómo llevar un diario puede mejorar tu vida, habiendo visto las historias de éxito de Steve Jobs, Benjamin Franklin, Jennifer Aniston y mi cliente Alan, y cómo el enfoque que les aporta llevar un diario les permite establecer sus ambiciones cada vez más alto, disfrutando de vidas totalmente exitosas.

2

Cómo Llevar Un Diario Hoy

La información del capítulo uno te ha dado una idea de la profundidad de la experiencia y el conocimiento en torno a la escritura del diario y sus beneficios, y de lo establecida que está como práctica. En este capítulo, vamos a sumergirnos y a centrarnos en los aspectos prácticos del diario. No sólo te explicaré lo que es llevar un diario y comenzaré a sugerirte algunas técnicas y métodos para que los utilices, sino que también te prepararé correctamente para comenzar tu aventura de llevar un diario. Es posible que ya hayas intentado empezar a llevar un diario, pero que te haya resultado difícil mantenerlo, o que te haya costado encontrar un momento que te convenga.

. . .

Todas estas cuestiones las vamos a considerar, ya que son algunos de los mayores obstáculos para una experiencia de diario agradable y sostenible. La preparación es la clave del éxito, y la creación de un proceso de diario sólido ahora, que refleje con exactitud su vida, le ayudará a convertirlo en parte de su rutina diaria, y tan vital para usted como lo es para las celebridades y los hombres de negocios, que vimos en el capítulo uno. Si se siente frustrado con su vida, o su autoestima es baja, comenzar un diario sin tener en cuenta todos los factores puede convertirse en un autosabotaje, haciendo que se salga rápidamente de la rutina, y quizás haga más daño a su sentido de autoestima. Sin embargo, es importante tener en cuenta que una vez que haya establecido esta rutina, es posible que la modifique de forma natural a medida que se produzcan cambios en su vida; no se preocupe por esto, ya que una vez que haya convertido el diario en una piedra angular de su vida, puede adaptarse fácilmente a sus circunstancias.

Cómo elegir cuándo llevar el diario

El primer paso es decidir el tiempo que vas a dedicar a escribir tu diario. Aunque esto puede verse afectado por tu horario, y lo discutiremos en la siguiente sección, aquí quiero que te centres en lo que te gustaría obtener de tu práctica del diario, ya que ciertos objetivos que tienes pueden estar más alineados con la fijación de intenciones por la mañana, o la reflexión por la noche.

Esto también puede verse afectado por el tipo de persona que eres y por el momento en que trabajas mejor.

Si eres una persona mañanera por naturaleza, puede que el diario por la mañana complemente tu rutina y mejore tu productividad aún más. Si eres un búho nocturno, puede que tengas tiempo por la noche para dedicar a la escritura de tu diario. Sin embargo, como ocurre con todos los aspectos del diario, no se trata de reglas concretas y deben considerarse más bien como sugerencias para que las tengas en cuenta. Es posible que descubras lo contrario y que, aunque trabajes mejor por la mañana, disfrutes dedicando tiempo a tu diario por la tarde, o que, si funcionas mejor por la noche, escribir en tu diario te impulse a disfrutar de las mañanas más de lo habitual y a empezar el día con más ganas.

El momento en el que elijas llevar el diario puede estar en consonancia con el tipo de práctica que quieras emplear, o incluso con la técnica en la que quieras centrarte en ese momento. Mientras esbozo algunos de los sistemas matutinos y vespertinos para que los consideres, si una de estas prácticas te llama mientras lees, intenta seguirla para ver si te funciona.

Aunque llevar un diario es un proyecto con aspiraciones, intenta también pensar de forma realista si realmente te funcionará, utilizando los demás consejos de este capítulo.

Hemos hablado brevemente de los escritores de diarios matutinos, aquellos que, como Steve Jobs, utilizan indicaciones para establecer sus intenciones para hoy. Utilizan su tiempo para pensar de forma crítica sobre el día que tienen por delante y establecen objetivos claros a los que pueden referirse a lo largo del día. Esta puede ser una forma eficaz de vivir intencionadamente y de mantener cada día centrado en el trabajo hacia tus objetivos más importantes.

A la inversa, escribir un diario por la mañana también puede ser una forma de despejar la mente de cualquier estrés subyacente antes de afrontar el día. Puedes utilizar tu diario como un "vertedero de ideas" para tus pensamientos, actuando como una limpieza. Esto puede hacerse simplemente escribiendo en modo "flujo de conciencia", poniendo simplemente cualquier pensamiento que tengas en el papel, o estableciendo parámetros para tu escritura matutina. Julia Cameron acuñó la idea de las "páginas matutinas", tres páginas escritas cada mañana (Ye, 2019).

Al obligarte a escribir una determinada cantidad, empiezas a flexibilizar tus músculos mentales, al tiempo que te limpias de cualquier preocupación o pensamiento del pasado que no necesitas llevar contigo al día.

También puedes descubrir que, mientras dormías, tu cerebro ha estado rumiando inconscientemente cualquier problema que pudieras tener, y que una solución podría encontrarse en tu entrada del diario matutino.

El concepto de limpieza mental es también una función esencial del diario vespertino, ya que te permite reflexionar sobre el día y ponerlo en orden, antes de irte a la cama. De este modo, puedes purgar cualquier situación estresante que hayas vivido ese día y asegurarte de que no arrastras ninguna tensión al día siguiente. Si tienes problemas para dormir, quizá causados por las preocupaciones, puede que también descubras que escribir en un diario antes de acostarte, como parte de una rutina nocturna establecida, te ayuda a calmar tus pensamientos y a dormir mejor.

. . .

Reflexionar sobre tu día también te dará la oportunidad de analizar los acontecimientos que tuvieron lugar y tus acciones.

Podrás identificar áreas en las que puedes hacer cambios, o felicitarte por tu comportamiento, o hacer un seguimiento de tu progreso hacia tus objetivos a largo plazo.

Sin embargo, escribir un diario al final del día no tiene por qué ser sólo una reflexión, y a menudo los pensamientos sobre el presente te inspirarán inevitablemente a considerar el futuro. Quizá quieras establecer tus propósitos para el día la noche anterior, de modo que puedas despertarte con un claro sentido de propósito para tu día y ser capaz de saltar directamente a la acción.

Tampoco tienes que escribir tu diario al final del día, si ya tienes una rutina nocturna que no puedes acomodar en tu diario, pero puedes tomar el final de tu día de trabajo, por ejemplo, como un momento para reflexionar sobre el trabajo que has logrado ese día, y establecer objetivos para el siguiente, dándote una clara separación entre el trabajo y el hogar. También puedes tomar la sobremesa como el final de la jornada y dedicar un rato a tu diario, con el beneficio añadido de facilitar la digestión. Hay muchas opciones para elegir a la hora de integrar el diario en tu vida, y si una franja horaria no funciona, prueba a prestar atención al lugar que tu mente te dice que es mejor para ti.

Hacer un espacio para escribir un diario

Es posible que, después de leer la sección anterior, tengas en mente un momento claro para escribir tu diario, pero cuando lo intentas, te das cuenta de que a menudo se ve interrumpido por otras exigencias de tu tiempo. O puede que ni siquiera se te ocurra una sección de tiempo libre que puedas dedicar a escribir en el diario y te sientas desmoralizado incluso para empezar. Al principio puede ser difícil, como lo es con cualquier actividad nueva, ajustar tu horario para incluir el diario, especialmente si ya llevas una vida ocupada, ya sea por elección o por necesidad. Pero hay métodos que puedes utilizar para integrar el diario en tus rutinas, y puede que una vez que empieces a escribir en el diario tu horario se libere, ya que te vuelves más intencional con tu tiempo.

Encontrar tiempo en un mundo ajetreado

. . .

La intencionalidad es una parte fundamental del proceso de escritura del diario. La intención que pones en la creación y el seguimiento de tu proceso de escritura del diario se te devuelve, a medida que te vuelves más intencional con tu tiempo, y eres capaz de priorizar las actividades que te traen felicidad, así como de acercarte a tus objetivos.

Al principio, tendrás que ser intencional con tu práctica, sacando tiempo deliberadamente para esta nueva práctica de vida.

Para empezar este proceso, es posible que quieras llevar un registro de la próxima semana de tu vida, creando una cuenta honesta de cada hora de tu día. Así podrás ver a qué dedicas tu valioso tiempo y atención, y dónde puedes hacer cambios. Puede que haya lagunas evidentes en tu horario, en las que puedas dedicar tiempo a tu diario, pero si no es así, tendrás que buscar más tiempo para hacerlo. ¿Puede despertarse más temprano, ya sea para escribir su diario, o para tener tiempo para escribir su diario más tarde en el día? ¿Podría acostarse un poco más tarde y escribir el diario entonces? Si no puedes dedicar más tiempo a tu diario, es hora de que te preocupes por el tiempo que tienes. ¿Hay trozos de tiempo que pasas sin rumbo revisando correos electrónicos, en las redes sociales o viendo la televisión? Todas estas actividades son perfectamente adecuadas, pero si no se hacen con intención, pueden empezar a restarle tiempo a su día. ¿Puedes poner un límite a tu teléfono u ordenador y utilizar parte de ese tiempo ganado para escribir un diario? ¿Puedes decidir ver uno o dos episodios de un programa de televisión, pero decidirte a no pasar de un canal a otro o a no verlos de forma compulsiva?

Recuerde que llevar un diario es también una actividad agradable que ha elegido hacer y que, con suerte, no sólo le ayudará a alcanzar sus objetivos, sino que también será una actividad que le resulte placentera. Por lo tanto, reducir sus otras actividades de ocio para incorporar tiempo para escribir un diario no significa que esté perdiendo tiempo de ocio, sino que simplemente lo está reorganizando para que se adapte mejor a sus necesidades.

Crear soledad para uno mismo

Aunque escribir un diario es una actividad de ocio, difiere en un aspecto clave de otras actividades de ocio de las que se puede disfrutar, en el sentido de que debe realizarse en la mayor soledad posible. Esto puede significar que, para escribir el diario, tenga que reorganizar o cancelar los eventos sociales hasta que haya finalizado su rutina de escritura del diario y haya encontrado la manera de equilibrar el tiempo a solas con el tiempo que pasa con los amigos. No tienes que aislarte por completo de la interacción social, pero, una vez más, piensa intencionadamente en cómo pasas tu tiempo y en cómo puedes sacar un poco de tiempo para ti.

Llevar un diario requiere centrarse en uno mismo y ser completamente honesto, y para que este proceso de honestidad sea lo menos doloroso y lo más fácil posible para ti, es mejor hacerlo en privado, creando un espacio verdaderamente seguro para ti. Puede que no sea posible llevar un diario totalmente solo, si cuidas de niños pequeños, por ejemplo, o tienes otras obligaciones, pero si este es el caso, ten por seguro que no tienes que sacrificar la santidad de la escritura del diario. En su flexibilidad, el diario está aquí para trabajar para usted, al servicio de sus necesidades, y siempre se pueden hacer concesiones.

Si no puedes sacar tiempo para escribir en soledad, ¿puedes al menos asegurarte de que tu diario es sólo para tus ojos y que la tuya es la única voz que se escribe en él?

. . .

Tratar tu diario personal con respeto es una extensión de tratarte a ti mismo con respeto, y a las decisiones que tomas con respeto. Si puedes escribir en soledad, intenta asegurarte de que no te distraen otras tareas y de que puedes prestar toda tu atención a tus pensamientos y al proceso de escritura. Me he referido a la "soledad" a lo largo de esta sección, y quiero aclarar en qué se diferencia de estar simplemente solo. Quizá estés solo cuando haces las tareas domésticas, como la limpieza o la colada, pero eso no es soledad.

La soledad es un tiempo intencionado que se pasa a solas, en una conversación con uno mismo y sin distraerse con otras tareas, y escribir un diario es una de las vías clave para alcanzar este estado. Llevando un diario en soledad, empezarás a desarrollar y flexibilizar tu autoconocimiento, y te sentirás cómodo contigo mismo. Los beneficios de la soledad y de escribir un diario están entrelazados, ya que la autoaceptación que obtendrás a través de ambos puede ayudarte a encontrar más felicidad en tu vida, a experimentar menos y a lidiar mejor con el estrés, e incluso a aliviar cualquier lucha más profunda con tu salud mental que puedas tener.

Convertir el diario en un hábito

. . .

Una vez que hayas encontrado el mejor momento para llevar un diario, teniendo en cuenta todos los factores mencionados anteriormente, el siguiente paso es convertirlo en una parte constante de tu rutina. Crear nuevos hábitos puede ser un proceso difícil, y es fácil desanimarse una vez que se pierden algunos días seguidos y se empieza a dudar de que llevar un diario sea realmente para ti. No te tomes como algo personal ningún fallo, ya que se trata de un problema común que puede resolverse fácilmente.

Voy a darte algunos consejos y trucos que he aprendido a lo largo de mi carrera y que te ayudarán a consolidar la escritura del diario como un hábito. Si los pruebas y sigues sin poder comprometerte a escribir un diario, quizá debas reconsiderar el tiempo de escritura que has decidido. Si te resulta demasiado difícil hacer un hueco en el horario que has reservado para escribir, tal vez sea mejor que cambies el momento en el que pretendes escribir tu diario.

Empezar un diario es un proceso, y puede que tengas que probar varias formas y momentos diferentes para encontrar el método que realmente te funcione.

. . .

Los hábitos se forman con el tiempo. Castigarse por no ser perfecto en el diario una semana después del proceso es innecesario y sólo va a hacer que asocie el diario con las emociones negativas y el fracaso.

En lugar de eso, resuelva comenzar con algo pequeño. No hagas ningún otro cambio importante en tu vida durante este periodo de adaptación. Una vez que haya comenzado a escribir su diario, esto le dará la confianza en sí mismo y la capacidad de cambiar su vida de una manera tranquila y enfocada, dándole la mejor oportunidad de éxito.

Si se siente abrumado, divida el proceso en partes más pequeñas. Por ejemplo, puede empezar simplemente dedicando cinco minutos a escribir cómo se siente cada día. Si el compromiso es pequeño al principio, es más probable que lo consigas, y esta sensación de éxito puede estimularte a conseguir otros logros. Estos otros logros podrían ser aumentar el tiempo que dedicas a escribir en tu diario, o empezar a utilizarlo con más intención, como por ejemplo establecer planes y objetivos futuros.

También puedes descubrir que, aunque sólo te hayas comprometido a dedicar cinco minutos, llevar un diario puede crear adicción y que quieras seguir haciéndolo una vez que se hayan agotado los cinco minutos, lo que refuerza el hábito positivo que disfrutas.

Mantener un ritmo reducido al principio te ayudará a comprometerte, pero si aún así te faltan uno o dos días con las apuestas bajas, no te castigues. Acepta que esto forma parte de un proceso y recuérdate a ti mismo que, aunque te falten uno o dos días, siguen siendo cinco o seis días dedicados a escribir en el diario, lo cual es mejor que ninguno. Desafiar los pensamientos negativos puede ser difícil, pero una forma fácil de hacerlo es contrarrestar inmediatamente cualquiera de ellos con un "pero".

"Me olvidé de escribir el diario hoy" se convierte en "Me olvidé de escribir el diario hoy, pero lo hice ayer, y me acordaré mañana", lo que te recuerda tu éxito pasado y te mantiene centrado en tu objetivo a largo plazo.

La mejor manera de crear un hábito es empezar poco a poco, pero a largo plazo. Tener un largo periodo de adaptación significa que es mucho más probable que el hábito se haya convertido en parte de tu rutina, y en algo que esperas hacer cada día. Los expertos coinciden en que realizar una nueva actividad durante al menos 30 días le da la mejor oportunidad de convertirse en un hábito

(Young, 2017). Puedes ponértelo fácil empezando a principios de mes y tomando todo el mes como un periodo de entrenamiento para ti. Durante este período de entrenamiento, debes planear escribir en tu diario todos los días.

Esto no solo le dará una idea clara de sus actividades, su estado de ánimo y sus pensamientos, tanto sobre el inicio del diario como sobre los futuros objetivos que le gustaría alcanzar, sino que también le proporciona la sensación de consistencia que es vital para la formación del hábito.

Si la idea de los 30 días te llena de temor, tengo algunas técnicas sencillas que pueden ayudarte a seguir adelante.

Si tienes problemas para recordar tu compromiso o te encuentras muy motivado durante una semana antes de reducirlo, establece recordatorios en tu teléfono para que te pidan que lleves un diario. Esto no tiene por qué ser una solución a largo plazo, pero para este periodo de ajuste inicial puede ser útil tener un recordatorio físico para mantenerse en el camino. También puedes hacerlo programando tu diario para que coincida con una actividad desencadenante, lo que debería incitarte a llevar el diario.

. . .

Si decide escribir su diario después de una comida, una vez que haya comido, puede buscar instintivamente su diario, ya que se habrá entrenado para asociar el desayuno o la cena con la escritura del diario. También puede activarse dejando el diario en un lugar claramente visible; uno de color brillante suele ser el mejor, ya que la vista del diario le recordará que debe usarlo.

Dado que un mes es un periodo de tiempo largo, también puedes dividirlo y recompensarte por el camino para reforzar la escritura del diario como un hábito positivo para ti. De nuevo, empieza con algo pequeño para animarte a continuar. Recompénsate por tu primera racha de días consecutivos, luego por una semana, luego por dos, y así sucesivamente.

Con el tiempo, llegarás a sentir que el diario en sí mismo es una recompensa para ti, pero hasta ese momento, date pequeños premios por conseguir crear un hábito sólido.

Escribir el diario

Antes de entrar en los detalles más finos de lo que debes escribir en tu diario, [sólo quiero tocar brevemente el diario físico real que utilizas. Nuestro mundo, cada vez más digital y online, puede significar que no tengas un diario o cuaderno físico listo en casa para usar, y antes de comprar el diario que va a cambiar tu vida, hay por supuesto algunos puntos que deberías tener en cuenta.

Hay una gran variedad de diarios, desde cuadernos sencillos hasta planificadores, pasando por diarios con viñetas y diarios de agradecimiento ya hechos, y es fácil dejarse seducir por la compra de un diario caro pero bonito que promete transformarte. El proceso de llevar un diario cambiará tu vida, pero sólo si le das el poder de hacerlo. La atención debe centrarse en cómo puede funcionar tu diario para ti, no en cómo puedes ajustarte a una plantilla, por lo que te recomiendo que hasta que sepas cómo te gusta llevar tu diario, y qué necesitas que te dé tu diario, empieces con un cuaderno sencillo.

De este modo, podrás explorar cualquier técnica que desees, a través de cualquier medio que quieras, y encontrar lo que mejor te funcione. Después, armado con este conocimiento, puedes volver al pasillo de la papelería y conseguir un diario más estructurado si crees que encaja con tu estilo. Incluso con un cuaderno sencillo, intenta conseguir uno que te atraiga visualmente, ya que te ayudará a asociar el diario con emociones positivas y a crear el hábito.

Ahora que tienes tu diario, ¿qué vas a escribir en él? Esta sección le llevará a través de lo que debe incluir en su diario, mientras que el capítulo cuatro entrará en más detalles sobre cómo registrar estas cosas, y las diferentes técnicas que puede utilizar. La base de tu diario debe ser algún tipo de registro diario, especialmente al principio de tu diario de escritura. Es posible que ya hayas empezado a llevar uno para ver dónde puedes sacar tiempo para escribir el diario y llevar un registro de tu horario puede ser un lugar útil para empezar. Puedes hacerlo con tan poco o mucho detalle como quieras, siempre que te dé una idea clara de los acontecimientos que tienen lugar cada semana. Este horario puede combinarse con otras acciones diarias que quieras registrar, como tus patrones de sueño, comidas o ejercicio.

Sin embargo, es importante tener en cuenta la diferencia entre un diario y una agenda que ya comentamos en el capítulo uno. Un diario es un lugar activo de pensamiento y reflexión, por lo que el registro de cosas como el sueño o la comida que has ingerido debe ir acompañado de una nota sobre el efecto que han tenido en ti, tanto física como emocionalmente. Un diario capta lo esencial de su agenda y sabe que ha tenido un día ajetreado, pero un diario sabe si fue un día productivo, en el que se sintió en control de su carga de trabajo y sus compromisos, o un día frustrante, en el que se vio arrastrado a reuniones irrelevantes y sintió que estaba perdiendo el tiempo.

La información adicional que obtengas a través de tu diario puede convertirse en acción. Hay muchos niveles diferentes de acción que puedes tomar a partir de tu diario, y puedes combinarlos, o utilizarlos como peldaños para hacer cambios importantes. El primer nivel es conseguir el control de tu agenda. Una vez que puedas ver claramente cómo estás empleando tu tiempo cada día, podrás ver las áreas que no están funcionando tan bien como deberían, y el tiempo que sientes que estás perdiendo. Establece tu nuevo horario en tu diario con intención, centrándote en las actividades que necesitas y quieres hacer, y eliminando las que no te sirven.

Al igual que un científico en un laboratorio, puedes experimentar, anotando en tu diario lo que funciona y lo que no, acercándote cada vez más a tu vida ideal. La sensación de autoconciencia y control que obtendrás de este proceso puede impulsarte a nuevos niveles de acción.

. . .

Puede que te des cuenta de las lagunas que tienes en tu vida, o de los logros que quieres alcanzar, pero no estás seguro de cómo hacerlo. Tu diario te ofrece un lugar para resolver esto, y puedes empezar escribiendo tu objetivo en la parte superior de la página, y simplemente enumerando los pasos que necesitas dar, o incluso cómo averiguar lo que necesitas hacer, así como cualquier preocupación o inquietud que puedas tener. A partir de ahí, puedes elaborar un plan de acción y el trabajo metódico de los pasos debería aliviar cualquier temor que tengas a la hora de esforzarte.

Puedes registrar tu progreso y cualquier problema que encuentres en tu camino puede ser resuelto en el diario.

Este método funciona tanto para los objetivos que desea alcanzar como para los problemas que desea resolver, y pronto descubrirá que sus problemas se reducen, mientras que sus objetivos se hacen cada vez más grandes.

Hacer un cambio físico en tu vida, ya sea poner en marcha un plan de ejercicios, resolver un problema en el trabajo o revisar toda tu carrera, te generará naturalmente cambios mentales y emocionales. Puede que te sientas menos preocupado, o más seguro de ti mismo, como resultado de los pasos que das para resolver tus problemas y hacer progresar tu vida. Los objetivos físicos, como mejorar tu forma física o hacer el esfuerzo de cocinar más a menudo, también tendrán un impacto en cómo te sientes. Sin embargo, puedes potenciar estos efectos, y centrarte en ellos, utilizando tu diario. Hay dos maneras de hacerlo, y probablemente encontrarás que una combinación de ambas te funciona, dependiendo de las necesidades de tus emociones en ese momento.

La primera es una extensión del diario de resolución de problemas que has estado haciendo, pero centrándose en los problemas emocionales en lugar de los físicos. Si algo en el trabajo nos ha disgustado, o hemos tenido una conversación con un amigo o familiar que nos ha hecho sentirnos heridos o incómodos, las salidas más comunes que podemos utilizar son arremeter de forma instintiva e inmediata, o replegarnos sobre nosotros mismos, y mantener nuestro dolor y frustración reprimidos.

Ninguna de estas salidas es realmente una salida, en el sentido de una forma sana y productiva de expresar nuestros sentimientos. Las agresiones suelen ser contraproducentes, ya que exacerban la situación y hacen que nos arrepintamos de cómo nos hemos comportado, mientras que reprimir las emociones puede entorpecer las relaciones y hacer que el resentimiento se encone. Escribir un diario puede ser una salida saludable, ya que te permite expresar tus sentimientos en privado. Dispones de un espacio seguro para trabajar el suceso, liberar tu frustración sin miedo a las represalias de los demás y aprender lo que puedes decir en futuras situaciones para expresarte con respeto, calma y honestidad.

La segunda forma de mejorar tu estabilidad y fortaleza emocional es centrarte en los aspectos positivos de tu día, que quizás hayas pasado por alto en ese momento. Llevar un diario de gratitud se ha hecho cada vez más popular, ya que apreciar lo que se tiene también puede mejorar la visión del futuro. Escribir lo que agradeces cada día, ya sea una cosa o cinco, puede obligarte a reevaluar tu vida y mejorar tu estado de ánimo tanto como llevar un diario de logros.

Instrucciones para el diario

Muchos de los diarios de gratitud que puedes comprar se basan en una forma de diario con indicaciones, ya sea pidiéndote que enumere lo que agradeces ese día, o requiriendo un cierto número de afirmaciones de gratitud, ya sea lo mejor que ha sucedido hoy, o cinco cosas por las que estás agradecido hoy. Utilizar una indicación como ésta puede ser útil para empezar, ya que elimina el miedo a la página en blanco del diario y centra tus pensamientos en una pregunta. Por supuesto, si utilizas una indicación, no tienes que dejar de escribir una vez que hayas respondido a la pregunta, y puede que una vez que hayas empezado a escribir, surjan más cosas que quieras decir, fuera de los límites de la indicación. Puede que te des cuenta de que al empezar tu diario con una descripción de tu día cada vez, te estás incitando a ti mismo. O que, al utilizar la cena como estímulo para escribir en el diario, empiezas cada entrada con una descripción de la comida, impulsada por tu estímulo. Se trata de indicaciones indirectas que pueden ser tan útiles como las preguntas más evidentes.

Una de las áreas en las que una pregunta de provocación directa es útil es la de las emociones y los pensamientos y sentimientos más profundos. Puede ser difícil comprender la complejidad de las emociones que experimentas, especialmente si son emociones intensas o negativas, y una pregunta de provocación suele ser una buena forma de iniciar esa conversación contigo mismo y de desentrañar las capas de lo que sientes y por qué.

. . .

Esto puede dar lugar a un diario más centrado en la acción, como el que he descrito en la sección anterior, ya que una vez que entiendes tus sentimientos, puedes actuar sobre ellos. De hecho, el uso de un estímulo puede consistir en actuar, más que en explorar las emociones. La pregunta de Benjamín Franklin, "¿Qué bien haré en este día?", le impulsó a crear acciones en su vida y a realizar buenas acciones (McKay, 2014). Puedes utilizar un estímulo directo como éste, haciéndote preguntas como "¿Qué tres tareas puedo realizar hoy?" o "¿Qué ejercicio puedo hacer hoy?" o utilizar uno más sutil. Un estímulo sobre tu actividad favorita podría inspirarte a programar un tiempo para realizarla más, o un estímulo sobre tu ropa favorita podría llevarte a reorganizar tu armario para incluir más prendas que te gusten, a darte un cambio de imagen y a deshacerte de todo lo que ya no uses o te guste.

Las sugerencias pueden ser una chispa fantástica para la creatividad, que enciende la cerilla del fuego que llevas dentro. Puede que los utilices a diario o que guardes una reserva de ellos para cuando se te acabe la inspiración habitual y necesites volver a encender esa chispa. Aquí tienes una selección de sugerencias que puedes utilizar:

¿De qué tres cosas estás agradecido hoy?

. . .

¿Qué es lo que más le apetece hoy?

¿Cómo quieres que sea tu vida dentro de cinco/diez/veinte años?

¿Cuáles son sus objetivos a corto y largo plazo?

¿Qué es importante para usted?

¿Qué es lo que más te gusta de ti mismo? ¿Cómo puedes aprovechar al máximo estas cualidades?

¿Cuáles son tus mejores cualidades según los demás? ¿Estás de acuerdo?

¿Cuáles son sus aficiones favoritas?

¿Qué nuevas actividades quieres probar? Haz una lista de doce actividades que quieras probar y asigna una a cada mes para trabajar en su realización.

. . .

¿Cómo pasaría su día ideal? ¿Es diferente en verano que en invierno?

¿Cómo puedes tratarte con más amabilidad?

¿Qué harías con tu vida si no tuvieras miedo al fracaso?

¿Quiénes son tus modelos de conducta? ¿Por qué los admiras y qué cualidades tienen que podrías desarrollar?

Si conocieras a tu modelo de conducta, ¿qué te gustaría decirle? ¿Qué te gusta hacer fuera del trabajo? ¿Cómo puedes hacer más de eso?

¿De qué comunidades formas parte? ¿Cómo puedes involucrarte en tu comunidad y devolver algo?

¿Qué reto ha superado recientemente?

¿Cuál es su próximo reto?

. . .

¿Cuáles son sus libros/ropa/músicos favoritos?

¿En qué es usted experto?

¿Hay alguien en tu vida con quien tengas o hayas tenido una relación difícil? Escríbele una carta expresando tus sentimientos.

¿Cuál es su rutina nocturna/mañana? ¿Cómo te ayuda?

¿Cuál es el mejor cumpleaños que has celebrado? ¿Qué lo hizo especial?

¿Qué te hace sentir seguro?

¿Cuáles son tus peores miedos? Imagina qué pasaría si se hicieran realidad y cómo lo afrontarías.

¿Qué es lo que más te preocupa esta semana y qué puedes hacer para aliviar esta preocupación?

. . .

¿Cómo te sientes cuando mueves tu cuerpo? ¿Qué movimiento (correr/caminar/bailar...) se siente mejor?

¿Dónde le gustaría vivir?

¿Qué oportunidades hay en tu vida ahora mismo y cómo puedes aprovecharlas?

¿Cuál es su comida favorita? ¿Dónde estabas? ¿Quién te acompañaba? ¿Cómo puedes repetirla esta semana?

Imagina que tu vida se convierte en una película. ¿Qué momentos clave mostrarían? ¿Quién te interpretaría?

¿Cómo es tu futuro ideal? ¿Qué podrías hacer para hacerlo posible?

Si escribiera un libro sobre su vida, ¿qué papel adoptaría su personaje? ¿Sería tu personaje un personaje de apoyo?

. . .

¿Su personaje ofrecería consejos o lideraría la banda de héroes? ¿Qué otros papeles desempeñarían?

¿Qué tropos asociarías con ellos?

Mis consejos

Aunque te he dado mis consejos y trucos para llevar un diario, quiero repasar algunos puntos clave en esta sección, para asegurarme de que terminas este capítulo con todas las herramientas que necesitas para empezar a llevar un diario. Ya he insistido en la importancia de convertir el diario en una práctica tan cotidiana como sea posible, ya sea por la mañana o por la noche, utilizando un estímulo para reflexionar o creando un plan de acción para el día. Llevar un diario te proporciona una gran cantidad de información sobre ti mismo, y es importante mantener esta información bien organizada para poder utilizarla adecuadamente. Mantener las entradas en orden cronológico es una forma clave de organizarse. Te da una idea clara de dónde estás, qué estás haciendo y cuándo lo estás haciendo exactamente, manteniéndote al tanto de los plazos profesionales y los eventos sociales, además de permitirte seguir tu propio progreso personal hacia tus objetivos. Puede ser difícil motivarse, pero tener un plazo claro, e incluso una recompensa, puede obligarte a ponerte a trabajar en tus planes de superación personal.

. . .

Mantenerte anclado en el paso del tiempo también te da más información sobre ti mismo para utilizarla en tu beneficio. Si te sientes desmoralizado, puedes volver a las entradas en las que estabas motivado y entusiasmado, y ver qué condiciones se daban entonces que ahora no se dan. Quizás tu estado de ánimo cambia con las estaciones o se ve afectado por el clima. Darte cuenta de ello puede ayudarte a trabajar para minimizar cualquier impacto negativo en tu estado de ánimo y en tu trabajo, poniendo medidas preventivas. Cuanto más te conozcas a ti mismo, más podrás trabajar contigo para lograr tus objetivos, en lugar de sentir que estás luchando constantemente contigo mismo. Mantener cada entrada cronológica y claramente separada de la anterior te ayuda a mantener tu diario organizado y fácil de consultar, lo que te ayudará a largo plazo.

Un diario puede ser un lugar intenso, si no estás acostumbrado al autoexamen y la reflexión que puede inspirar. Habrás notado que muchos de los ejemplos que te he dado te piden que consideres las partes más privadas de tu subconsciente: tus miedos, esperanzas y sueños.

. . .

Puede parecer increíblemente vulnerable no sólo darse permiso para considerar seriamente sus sueños y ansiedades, sino también para escribirlos.

Por eso hice hincapié en la necesidad de la privacidad al escribir el diario, para garantizar que puedas crear ese espacio seguro para tu vulnerabilidad.

Nuestro instinto puede ser a menudo el de desviar los pensamientos serios, o calmar las situaciones con humor o autodesprecio. Quiero que te comprometas a intentar anular estos instintos y a mantener tu diario como un lugar de total honestidad. Sólo si eres radicalmente honesto contigo mismo podrás evaluar plenamente tu vida e iniciar el camino hacia tus objetivos. Escribir con honestidad puede ser difícil al principio, pero a medida que vayas practicando, te resultará cada vez más fácil escribir con la honestidad y el respeto que te mereces, y no conformarte con menos. La intensidad de un diario se ve reforzada por el hecho de que es el único lugar donde te escribes a ti mismo. Aunque se podría pensar que cada uno de nosotros sería nuestro mejor público, en realidad puede ser un proceso increíblemente difícil de empezar.

. . .

Puede que te sientas demasiado cohibido, o que no estés muy seguro de lo que tienes que decirte a ti mismo. Si este es el caso, hay un par de estrategias que pueden ayudarte a desbloquear tu voz. En primer lugar, empieza con algo pequeño.

Añade a tu diario una o dos frases sobre cómo te has sentido ese día, o sobre cualquier preocupación que tengas, para que te sientas más cómodo, y ve aumentando esta cantidad a medida que pase el tiempo. En segundo lugar, el uso de un indicador puede ser muy valioso, ya que te hace sentir como si estuvieras en una conversación con otra persona, además de darte un tema para usar como trampolín. Estos consejos te ayudarán a iniciar la difícil pero valiosa conversación contigo mismo, de la que te beneficiarás el resto de tu vida.

Los beneficios de escribir un diario, tanto en tu estado de ánimo como en tu vida, son asombrosos, y escribir un diario con una intención puede tener un efecto real y tangible en tu vida. Tienes que tener en cuenta tus objetivos a corto y largo plazo cuando escribas en tu diario, para asegurarte de que te centras en dar los pasos necesarios para conseguirlos. Sin embargo, no trates el diario como una cinta transportadora, en la que si pones una entrada, inmediatamente saldrá el éxito. El último consejo que quiero darte en este capítulo es que disfrutes del proceso de llevar un diario.

Esto no sólo te hará más propenso a coger el bolígrafo cada día, sino que sumergirte por completo en la experiencia hará que acceder a los beneficios del diario sea mucho más fácil y gratificante.

3

El Valor Del Diario

He aludido a los beneficios de llevar un diario, pero en este capítulo quiero profundizar en cuáles son exactamente, qué puedes experimentar y la ciencia que hay detrás de todo ello. El diario se convirtió en un campo de interés médico y científico en la década de 1960, con las clases de escritura de diarios del psicólogo Dr. Progoff y los libros posteriores sobre el tema. El diario se consideraba una herramienta para ayudar a resolver problemas de la mente, como la ansiedad o la depresión, y la investigación científica comenzó a analizar y experimentar con los diarios firmemente en esta línea. Cuando el diario se introdujo en el sistema educativo, los profesores esperaban que fuera una técnica de aprendizaje útil, pero se sorprendieron al ver el alcance del impacto que tenía en el estado de ánimo de los alumnos.

. . .

Escribir un diario se convirtió en una técnica que cualquiera podía utilizar y de la que podía beneficiarse, no sólo las personas con problemas de salud mental claramente definidos o diagnosticados. Puede que esto te suene, y ya he mencionado algunos de los beneficios mentales de escribir un diario, así como el efecto concreto que puede tener en tu vida. Sin embargo, es posible que no te esperes la variedad de beneficios físicos que puede tener escribir un diario. Con esto no me refiero sólo a los cambios físicos que te inspira a realizar en tu vida, sino a los cambios físicos reales que puede producir en tu cuerpo. Hay investigaciones científicas que sugieren que llevar un diario puede aliviar los efectos físicos del estrés, así como ayudar a tu sistema inmunológico y mejorar el funcionamiento de los órganos (Bai- ley, 2013). Puede parecer una locura que escribir en un diario pueda tener un impacto tan significativo en tu cuerpo, pero es cierto.

Beneficios mentales

Empecemos por ver los beneficios que puede aportar a tu mente llevar un diario. Es posible que ya conozcas algunos, y he mencionado algunos, como el aumento de la confianza en uno mismo, la reducción del estrés y el alivio de cualquier ansiedad o preocupación, ya que te he llevado a través de la historia del diario, por qué los que utilizan el diario lo hacen, y cómo empezar a llevar un diario tú mismo. Por lo tanto, esta sección se centrará en mayor profundidad en cómo exactamente el diario hace esto, y lo que sucede en el cerebro mientras se escribe el diario, mirando a algunos de los datos científicos y la investigación para darnos una imagen más clara de cómo la escritura del diario ayuda a la mente.

Puede sonar redundante decir esto, pero es valioso para obtener una apreciación completa de lo importante que es nuestra mente. A menudo podemos descuidar la mente por problemas más urgentes o físicamente dolorosos con nuestro cuerpo, olvidando que ambos están necesariamente entrelazados. La mente es la base de todo lo que hacemos y mantenerla lo más sana y feliz posible repercutirá en nuestra calidad de vida y en lo que podemos conseguir. Crear una base mental sólida te permitirá capear cualquier tormenta que se te presente y centrarte claramente en tu visión de la vida ideal y en lo que harás para conseguirla. Entonces, ¿cómo te ayuda el diario a crear esta sólida base mental?

Metacognición y acceso al pensamiento

. . .

Debido a la reflexión y el autoanálisis inherentes a la escritura del diario, es una herramienta importante para mejorar nuestro pensamiento metacognitivo y aumentar nuestra conciencia crítica sobre nosotros mismos. La metacognición describe los procesos en los que nos involucramos cuando planificamos, observamos y criticamos nuestra propia actuación y comprensión, es decir, cuando pensamos en nuestro pensamiento. El pensamiento metacognitivo se produce durante acontecimientos concretos, cuando pensamos en cómo enfocar un plan, controlar nuestro progreso y evaluar nuestros éxitos, pero también cuando pensamos de forma más general sobre quiénes somos.

Cuando piensas en cómo aprendes mejor, o identificas cuándo te sientes más productivo, o tienes tus mejores pensamientos, estás llevando a cabo un pensamiento metacognitivo, identificando tus puntos fuertes y débiles, y trabajando en cómo mejorar. Estas habilidades son increíblemente importantes, porque esencialmente estás aprendiendo cómo aprender, y cómo trabajas mejor.

Conocer las diferentes estrategias de aprendizaje y de resolución de problemas significa que es más probable que las emplees, optimizando tu rendimiento. Mejorar tus habilidades metacognitivas te hace más autosuficiente, ya que tienes la capacidad de adaptarte a diversas situaciones y convertirte en un aprendiz activo. Esto también se llama "escribir para aprender" (Simmons, s.f.).

Además de adaptarse a distintas situaciones, "escribir para aprender" también puede ayudarte a adaptarte a situaciones más difíciles o complejas. Las investigaciones han demostrado que, sin ayuda externa, tu cerebro solo es capaz de gestionar tres pensamientos distintos, o variables a la vez (Moldoveanu y Martin, 2010).

Por supuesto, muchas situaciones son más complejas que esto, ya que incluyen más variables o tienen variables más complejas para empezar. La metacognición y "escribir para aprender" son útiles en este caso, porque mejoran la capacidad de tu cerebro. La dificultad que puedes tener para hacer malabarismos con pensamientos separados, incluso dejando caer uno o dos, se ve disminuida por la mejora de tu fuerza y coordinación mental, lo que te permite hacer malabarismos con situaciones complicadas con problemas interrelacionados con facilidad.

En un estudio, la investigadora Kimberley D. Tanner identifica cuatro métodos generales para enseñar a los estudiantes el arte del pensamiento metacognitivo (Chick, 2013). Uno de ellos consiste en llevar un diario de reflexión, animando a los estudiantes a evaluar su propio proceso de pensamiento y a valorar qué habilidades de estudio han tenido éxito y qué aspectos podrían mejorar en el futuro.

Aunque su estudio se inscribe explícitamente en un marco educativo, podemos ver que este proceso se corresponde con muchas experiencias que tenemos fuera de la educación. Por ejemplo, si te enfrentas a un proyecto complejo en el trabajo o tienes problemas para comunicarte con un amigo o un compañero. Evaluar la situación y decidir qué estrategias han funcionado bien puede ayudarte a sentirte más seguro de ti mismo y a trabajar para mejorar tu comportamiento.

Aunque las otras estrategias de Tanner no mencionan la escritura de un diario, todas ellas se hacen eco de aspectos de la escritura de un diario, y podrían aplicarse dentro de tu diario. Ella anima a los estudiantes a evaluar sus conocimientos antes de empezar a estudiar, y aquí podrías evaluar tu estado de ánimo, o tu situación actual, antes de un gran reto, o de embarcarte en un nuevo objetivo. Los estudiantes también deberían practicar para encontrar sus puntos ciegos e identificar lo que no entienden. Una vez más, aquí pueden examinar cualquier sentimiento negativo que tengan, o cualquier área de un plan que necesite mayor desarrollo y que les esté causando incertidumbre. Por último, los estudiantes no sólo deben reflexionar en su diario al final del proyecto, sino que deben evaluar constantemente sus niveles cambiantes de conocimiento a lo largo del tiempo. Reconocer cómo cambian sus pensamientos puede hacer que cambien sus estrategias o que reevalúen lo que realmente les es necesario.

Concienciación

La metacognición es una forma valiosa de aumentar el conocimiento de uno mismo y, como hemos comentado, el conocimiento de uno mismo es fundamental para llevar un diario y, posteriormente, para realizar cambios en la vida. Un estudio titulado "Por qué la gente no reconoce su propia incompetencia", publicado en 2003, examinó las habilidades metacognitivas y los conocimientos de las personas en una serie de disciplinas, desde la caza hasta la medicina (Chick, 2013). Descubrieron que en todos los campos, en general, la mayoría de las personas no tenían ni idea de su propia incompetencia, y eran incapaces de identificar agujeros en sus conocimientos, o en las interacciones sociales con los demás. Llegaron a la conclusión de que si no tienes la capacidad intelectual de encontrar la respuesta correcta, tampoco tienes la capacidad de saber si tus respuestas o las de los demás son incorrectas o correctas. Mejorar tus habilidades metacognitivas mejora tu capacidad intelectual, y así, aunque no sepas la respuesta, puedes discernir las sugerencias ridículas de las realistas.

Aunque reconocer tus propias áreas de debilidad puede ser inicialmente desalentador, no debes verlo como una excavación de todas tus cualidades negativas, sino como una base para la autoaceptación y la mejora.

Ningún rasgo de la personalidad es intrínsecamente negativo. Como sociedad, tendemos a juzgar los rasgos según ciertos estándares de aptitud social y éxito profesional, lo que puede significar que si no encajas en una definición estrecha de éxito o profesionalidad, podrías sentirte socialmente inferior o incapaz. Esto no es cierto, si se utiliza de forma correcta, cada rasgo de la personalidad puede ser una ventaja y ayudarle a tener éxito.

Cuanto más sepas de ti mismo y de cómo aprendes, más podrás poner en marcha para ayudarte. También podrás tener un sentido más claro de tus propios límites. Un estudio de investigación descubrió que aquellos con mayores habilidades metacognitivas eran más capaces de controlar lo preparados que estaban para comenzar las tareas (Chick, 2013). En lugar de cargar demasiado en sus platos, fueron capaces de evaluar de forma realista la cantidad de trabajo que podían asumir, lo que condujo a patrones de éxito sostenido.

Gestión del estrés

Al hablar de la metacognición y el autoconocimiento, esperamos haberle dado una idea del valor del diario, especialmente su valor como forma de gestión del estrés.

La gestión del estrés es un término que engloba una serie de estrategias para reducir la sensación de estrés y evitar que te sientas abrumado y fuera de control, por lo que es posible que experimentes muchos de estos otros beneficios como si existiera un bucle de retroalimentación con la reducción del estrés.

Aumentar el conocimiento de uno mismo puede llevarte a ganar confianza, o a darte cuenta de que estás trabajando en exceso, o de que no utilizas tu tiempo de forma eficaz.

. . .

Todas estas cosas pueden reducir tus niveles de estrés, por lo que puede que descubras que, aunque las otras secciones no hablan explícitamente de la gestión del estrés, sí que se integran en un proyecto más amplio de gestión y minimización de cualquier estrés que estés experimentando. El estrés también tiene un alto impacto físico en el cuerpo, así como en la mente, y los beneficios físicos separados obtenidos de la reducción del estrés se discutirán más adelante, en nuestro examen más amplio de los efectos físicos de la escritura del diario. Aquí quiero profundizar en la ciencia que hay detrás del alivio del estrés, centrándome en el impacto de los acontecimientos estresantes y en cómo escribir un diario puede ayudarte a superar estos factores de estrés.

El psicólogo e investigador James Pennebaker cree que escribiendo un diario sobre determinados acontecimientos estresantes, puedes aprender a aceptarlos y a aceptar el impacto que han tenido en tu vida (Baikie y Wilhelm, 2005). Al resolver tus sentimientos en torno a estos factores de estrés, puedes empezar a reducir la carga que han supuesto para ti y pasar a cosas más grandes y mejores. Esto se aplica no sólo a las situaciones estresantes actuales, sino también a las del pasado. Pennebaker participó en el primer estudio sobre la "escritura expresiva", una forma de llevar un diario (Baikie y Wilhelm, 2005).

. . .

En el estudio, se pidió a algunos participantes que escribieran sobre las peores experiencias de su vida, mientras que un grupo de control escribió sobre cosas mundanas, como su ropa o su habitación. Cada participante escribió durante quince minutos durante cuatro días seguidos.

A continuación se les evaluó objetivamente cuatro meses después, además de rellenar un cuestionario de autoevaluación. Los que habían escrito sobre sus experiencias traumáticas informaron de cambios positivos significativos en su salud y fueron evaluados de la misma manera.

Visitaron menos al médico que el grupo de control y se tomaron menos días de baja laboral. Por lo tanto, el estudio concluyó que escribir sobre las experiencias traumáticas realmente mejoraba la salud a largo plazo, disminuyendo el impacto de los problemas de salud. Esta conclusión básica no ha cambiado en más de 20 años de investigación sobre la escritura expresiva y, una vez más, pone de manifiesto la importancia de escribir un diario, en contraposición a las anotaciones en un diario.

Aunque no todas las anotaciones de tu diario tienen que ser para sondear las profundidades de tus emociones, enfrentarte a estas aguas profundas te aportará una gran recompensa, a diferencia de quedarte en la superficie. Al principio puede parecer un reto. Muchos de los participantes en los estudios de escritura expresiva se sienten inicialmente molestos por el proceso, pero al final lo experimentan como la herramienta valiosa y significativa que es.

Crear emociones positivas

Llevar un diario no sólo sirve para liberarse de las emociones negativas.

Para contrarrestar estas emociones intensas, y tal vez para aliviar un poco, en esta sección te llevaré a través de algunas de las emociones positivas que el diario puede inspirar en ti. No sólo obtendrás el alivio de deshacerte de cualquier trauma y estrés mediante estas técnicas de gestión, sino que también podrás crear felicidad y otras emociones positivas para ti. He mencionado los dos tipos de positividad que se obtienen al escribir el diario en capítulos anteriores: las emociones positivas que se obtienen al lograr un objetivo y avanzar en la vida hacia el sueño que se tiene, y el disfrute que se puede obtener del proceso de escribir el diario. Sacar tiempo para dedicarse a un pasatiempo agradable también puede proporcionarle confianza en sí mismo y una sensación de satisfacción por el tiempo bien empleado. Puede parecer contradictorio explorar la ciencia de la felicidad. A menudo nos encontramos con que no podemos señalar una razón clara para nuestra felicidad, o que es imposible encontrar un lenguaje preciso para describirla. Sin embargo, hay formas científicas de investigar y cuantificar la felicidad que nos permiten examinar en detalle el impacto que puede tener el llevar un diario en el estado de ánimo.

Un método claro para cuantificar la felicidad es el número de objetivos fijados. Establecer objetivos positivos de cara al futuro ya es un buen indicador de salud mental positiva, ya que demuestra tu confianza en ti mismo y en el futuro.

Si tus objetivos son realistas y alcanzables, también demuestran la exactitud de tu visión del mundo. Las personas que luchan contra la falta de confianza en sí mismas o los problemas de salud mental son menos propensas a desafiarse a sí mismas, ya que creen que son incapaces de tener éxito.

Por supuesto, esta cuantificación de la felicidad va de la mano de otra medida numérica (que rima): el número de objetivos cumplidos. Cumplir tus objetivos demuestra que estás viviendo activamente tu vida, que te esfuerzas al máximo para avanzar y que demuestras una actitud mental positiva. Cada objetivo cumplido es una mejora más en tu vida, por lo que, naturalmente, tu felicidad aumentará, a medida que te acerques más y más a tu vida ideal. Un estudio de investigación ha demostrado que llevar un diario está explícitamente conectado con tu sentido del optimismo, ya que los que llevan un diario muestran mayores niveles de optimismo y, por tanto, de felicidad (Ackerman, 2019).

El optimismo no sólo te empujará a crear nuevos retos y objetivos para ti, sino que también te ayudará a superar cualquier desafío que se te presente. Tener un conjunto de recursos significa que tienes la confianza en ti mismo para afrontar los retos con calma.

Otro estudio también ha examinado cómo el diario ayuda en las relaciones interpersonales (Ackerman, 2019).

Puede que no pienses que una actividad tan solitaria como llevar un diario pueda tener un efecto en tus interacciones sociales, pero este estudio descubrió que los que llevaban un diario se volvían más amistosos, tanto más abiertos con sus amigos existentes como más abiertos a conocer gente nueva y hacer amigos. La confianza adquirida al llevar un diario permitió a las personas superar cualquier temor que tuvieran sobre la interacción social, y su mayor sensación de optimismo les permitió ir a estas interacciones esperando lo mejor y, por lo tanto, fueron recompensados.

Estos dos estudios se centraron específicamente en el diario de gratitud, y aunque los beneficios del diario de gratitud se pueden aplicar en general al diario en general, hacen hincapié en la importancia del diario reflexivo.

Incluso si su diario está totalmente centrado en los objetivos, puede ser beneficioso incluir incluso una o dos líneas de reflexión sobre su progreso hacia estos, para aprovechar al máximo toda la felicidad disponible.

Ahora que hemos visto la felicidad y la confianza que puedes obtener como resultado de escribir un diario, examinemos los beneficios que el proceso de escribir un diario puede aportarte. Por supuesto, ambas cosas están entrelazadas, y sentirás que tu disfrute y tu confianza crecen día a día a lo largo de tu viaje de escritura del diario. Pero hay beneficios específicos que se obtienen del acto diario de llevar un diario. Llevar un diario le permite escribir a través de eventos estresantes, regulando cualquier emoción difícil que surja, y dejándole resuelto y listo para enfrentar el nuevo día. También le permite identificar patrones más amplios en su vida, ya sean dificultades en el trabajo, discusiones con amigos o parejas, o ciclos de pensamientos poco saludables que le cuesta romper.

Llevar un registro de tu día significa que puedes ver cada acontecimiento en un contexto más amplio, identificando patrones entre ellos y haciendo un seguimiento de las lecciones que puedes poner en práctica la próxima vez.

Escribir cada día, incluso cuando no quieres hacerlo, también aumenta tu creatividad. Al obligarte a escribir incluso cuando no estás necesariamente inspirado para hacerlo, involucras el lado derecho de tu cerebro, que tradicionalmente se asocia con las tareas creativas (Bailey, 2018).

Fomentar las conexiones entre tu cerebro lógico y tu cerebro creativo mejora tu agilidad mental y hace trabajar los músculos creativos que podrías estar descuidando en el resto de tu vida.

Reducir las emociones negativas

Algunos de los impactos más obvios que la escritura del diario puede tener en la reducción de sus emociones negativas ya se han mencionado, ya sea en la discusión sobre la reducción del estrés específicamente, o sobre el aumento de la emoción positiva, que naturalmente disminuirá los sentimientos negativos. Ganar el control de su vida y comenzar a implementar y lograr los objetivos que usted cree reducirá cualquier sentimiento de duda, inferioridad o estancamiento que pueda estar sufriendo, y le ayudará a mirar el mundo con más optimismo, mejorando su estado de ánimo de base. Una vez establecidos estos impactos generales que cualquier persona puede experimentar y beneficiarse al llevar un diario, quiero utilizar esta sección para profundizar en los beneficios de llevar un diario para problemas específicos de salud mental, que pueden impactar seriamente en el estado de ánimo y el comportamiento de las personas.

Me centraré en la investigación realizada sobre la escritura de un diario para aquellos que sufren depresión y ansiedad y examinaré cómo puede funcionar para aliviar la carga de estos problemas. Si sufres de depresión o ansiedad, espero que esto te reafirme en que el diario tiene un marco sólido que puede manejar cualquier problema que necesites y que puede formar parte de tu plan de tratamiento. Si no sufres este tipo de problemas, esta sección puede darte una idea de la profundidad del trabajo que la escritura del diario puede hacer por las personas.

Se han realizado numerosas investigaciones sobre la relación entre llevar un diario y los problemas de salud mental, empezando por sus inicios como forma de terapia. Se han analizado una serie de grupos de población de alto riesgo, además de los diagnosticados con algún tipo de trastorno depresivo. Entre ellos están los que se enfrentan a grandes cambios en sus vidas, como los adolescentes o los estudiantes universitarios, o los que han sufrido traumas graves, como los supervivientes de abusos domésticos.

Se ha descubierto que escribir un diario reduce los desencadenantes de la depresión en los estudiantes universitarios, al canalizar las preocupaciones y los pensamientos excesivos en un entorno seguro, mientras que tratar a los adolescentes en riesgo con un programa de escritura de diarios resultó ser tan eficaz como las técnicas tradicionales de terapia cognitivo-conductual para aliviar los síntomas de la depresión en ciernes (Ackerman, 2019).

Este fue también el caso de un estudio que exploró los beneficios de escribir un diario para las mujeres sobrevivientes de abuso doméstico (Ackerman, 2019).

Aunque la investigación ha indicado que la escritura expresiva no reduce necesariamente el número de pensamientos negativos que puede experimentar una persona con depresión, suaviza el impacto de estos pensamientos, lo que conduce a una reducción general de los síntomas (Ackerman, 2019). Las personas diagnosticadas con un trastorno depresivo y sometidas a pruebas de sus "puntuaciones de depresión" descubrieron que estas se reducían significativamente una vez que habían completado tres días de escritura expresiva (Ackerman, 2019). Informes similares provienen de la investigación sobre el impacto de la escritura del diario en la ansiedad, y de hecho el diario es particularmente apropiado como parte del tratamiento para los problemas de ansiedad y los trastornos de ansiedad. Te permite identificar tus pensamientos automáticos, así como explorar las raíces subyacentes de tus pensamientos ansiosos y desencadenantes, que luego puedes trabajar para desafiar.

Un estudio de investigación que analizaba los beneficios de llevar un diario para las mujeres descubrió que reducía los problemas de salud y la ansiedad, mientras que otro estudio que analizaba el impacto en los sistemas educativos descubrió que llevar un diario ayudaba a los estudiantes a controlar el estrés y la ansiedad, y por tanto mejoraba su rendimiento en el aula (Ackerman, 2019).

Tiempo y energía

Pasando de los muchos beneficios mentales que puede aportarte llevar un diario, en esta sección y en la siguiente quiero pasar a examinar los impactos más prácticos en tu vida, analizando primero el efecto sobre tu tiempo y energía disponibles, y luego con más detalle la consecución de objetivos. Cuando empiezas a escribir un diario, puede que no te parezca el uso más eficaz de tu tiempo.

Si estás entusiasmado y preparado para empezar a progresar activamente en tus objetivos, pasar tu tiempo sedentario, sentado y escribiendo, puede parecer contraproducente.

. . .

Esto puede verse reforzado por las exigencias de tiempo que supone llevar un diario: dependiendo de tu estilo de escritura y del tipo de diario, podrías dedicar hasta una hora al día a esta práctica. Si su agenda ya está demasiado ocupada, puede parecer que llevar un diario no hace más que empeorar su situación. Sin embargo, las exigencias iniciales a corto plazo de llevar un diario reportan beneficios a largo plazo, que compensan el tiempo y la energía que se invierte varias veces. Pronto descubrirás que el pequeño compromiso que asumes de llevar un diario empieza a liberar tu agenda y a crear más tiempo para centrarte en lo que es importante para ti, ya sean tus aficiones, el tiempo que pasas con los demás o el hecho de empezar a actuar en tus objetivos.

Como he mencionado anteriormente, cuando se hace un registro diario de cómo se pasa el tiempo, se puede ver rápidamente dónde se está perdiendo el tiempo, o dónde no se está utilizando de forma productiva. En un nivel básico, llevar un diario ayuda a esto, ya que puedes empezar a racionalizar esas áreas de tiempo desperdiciado, ya sea el tiempo que pasas procrastinando, o desplazándote sin sentido por Facebook. Sin embargo, llevar un diario también te enseña a ser creativo con tu tiempo. Esto es especialmente cierto en el caso del tiempo que no puedes controlar, o que es una necesidad para tu trabajo o vida doméstica. ¿Puedes hacer varias cosas a la vez durante el trayecto al trabajo, o durante las tareas domésticas, para trabajar en tus objetivos?

Podrías escuchar un podcast sobre un tema informativo, o practicar otra habilidad o idioma, o leer un libro de alguien del campo al que quieres dedicarte. Dependiendo de la flexibilidad de tu lugar de trabajo, podrías maximizar tu tiempo en el trabajo cambiando el momento en el que trabajas o la productividad de tus horas de trabajo.

Esto empezará a repercutir de forma natural en tus niveles de energía. Tener más tiempo para concentrarse en las actividades que has elegido hacer, y emplear este tiempo de forma más productiva, te hará sentir más activo. Todo lo que te quita tiempo también te quita energía. Es posible que, al igual que ocurre con el tiempo, haya un periodo de adaptación cuando cambie su horario o añada una nueva actividad, en el que se sienta cansado u ocupado. Esto debería aliviarse una vez que haya completado el período de 30 días necesario para todos los nuevos hábitos, pero si no es así, es posible que desee reconsiderar su compromiso y reducirlo a un nivel más manejable por el momento. Sin embargo, si la reorganización de los horarios es satisfactoria, debería sentirse revitalizado por los cambios, ayudado por la satisfacción mental de saber que está haciendo el mejor uso de su tiempo.

Lograr los objetivos

El mensaje de este libro se basa en mis dos carreras, la de entrenador personal y la de consejero, ya que he destacado no sólo los beneficios mentales de llevar un diario, sino también la sensación de propósito y de logro que puede proporcionar. El asesoramiento se centra mucho más en el bienestar de la mente, mientras que ser entrenador personal consiste en ayudar a las personas a realizar cambios concretos en su cuerpo y su estilo de vida, estableciendo objetivos claros y trabajando constantemente para superar sus límites. El diario es una combinación de ambos enfoques, capaz de ayudarte a mejorar tu mente y tu estilo de vida en armonía. Pero, ¿cómo te ayuda exactamente a realizar estos cambios concretos y a alcanzar tus objetivos? Lo hace dotándole de tres habilidades necesarias para tomar el control de su vida. Se trata de las Tres A: la capacidad de reconocer los errores, la responsabilidad y la aceptación de la verdad.

Te llevaré a través de cada una de ellas, viendo cómo te ayuda cada una, pero también quiero destacar ahora que estas habilidades trabajan en conjunto con las demás. Si tienes una de ellas, como la capacidad de reconocer tus errores, pero no desarrollas el sentido de la responsabilidad necesario para asumirlos y aprender de ellos, no avanzarás hacia tu objetivo final y, de hecho, sólo podrías dañar aún más tu autoestima. Así que, cuando pienses en estas habilidades, hazlo en conjunto y trata de practicarlas conscientemente.

Cuando reconozcas un error que hayas podido cometer, asume la responsabilidad, acepta la verdad de la situación y elabora un plan de acción a partir de ahí.

La primera A es "Habilidad", la capacidad de reconocer los errores y los problemas que tú u otra persona han cometido. Al llevar un registro de tu día, y de todo lo que te impresiona, tienes todo el contexto detrás de un evento, y puedes verlo como parte de una historia más amplia de acciones, en lugar de como un evento aislado. Por ejemplo, puedes tener una discusión con un amigo. Sientes que su enfado surge de la nada y reaccionas a la defensiva, ya que crees que no has hecho nada malo. Te vas a casa a escribir un diario sobre el tema, y escribes una entrada con el enfado sobre lo injusto que está siendo tu amigo. Sin embargo, si te tomas el tiempo de leer tus entradas anteriores, te das cuenta de que en realidad has rechazado sus invitaciones para quedar varias veces, y cuando quedas con ellos, llegas tarde. Tu amigo no se molestó por casualidad, sino que se sintió herido por lo que consideró una falta de interés y respeto por su amistad y su tiempo. A menudo, herimos a la gente accidentalmente, sin darnos cuenta de los efectos que tienen nuestras palabras y acciones. Escribir un diario te ayuda a desarrollar ese sentido de autoconciencia y distancia crítica, a reconocer los errores que has cometido y a ver cómo están afectando a tus relaciones y a tu rendimiento laboral sin que te des cuenta.

Puede que te lleve tiempo conseguir que tu diario llegue a este punto de conciencia, pero cuanto más lo trabajes, mejor lo conseguirás.

La segunda A es "Accountability", es decir, asumir la responsabilidad de tus acciones. Incluso si tus acciones fueron un accidente o tus intenciones eran buenas, sigue siendo importante que las asumas como acciones que has realizado y aceptes el resultado de las mismas. Esto puede sonar desagradable o intimidante, y puede ser duro al principio, pero es la cara necesaria de la toma de control: no puedes limitarte a elegir las acciones sobre las que tienes control, sino que tienes que aceptar que todo lo que haces es una acción que eliges hacer, incluso si es una elección hecha a partir de opciones limitadas o difíciles. Sin embargo, esto también significa que cuando asumes la responsabilidad de todas tus elecciones, también tienes el control total sobre lo que haces. Esta es una perspectiva liberadora: no tienes que reaccionar necesariamente de la forma en que crees que los demás quieren que lo hagas y puedes tomar decisiones basadas en cómo te harán sentir y cómo te hacen avanzar hacia tus objetivos.

La tercera y última A es "Aceptación". Aunque la aceptación es una parte necesaria de las dos primeras A, aquí abarca un sentido más amplio de la Aceptación de la verdad.

Llevar un diario te da la verdad de la situación, tanto en términos de lo que realmente sucedió, como en el ejemplo con el amigo molesto, como de cómo te sientes al respecto. La sensación de privacidad y seguridad que debe proporcionar tu diario te hará sentir lo suficientemente cómodo como para compartir tus verdades más profundas, ya sean tus verdaderos sentimientos sobre tu trabajo, un amigo con el que luchas en secreto o ambiciones que te da demasiado miedo decir en voz alta.

Aceptar la verdad sobre las situaciones incómodas te dará el conocimiento y el poder para empezar a transformarlas en otras más cómodas. Esto también se ve facilitado por el uso que hace el diario del cerebro izquierdo y del derecho. El cerebro izquierdo se ocupa del acto de escribir, asegurándose de que anotas todo lo que quieres, mientras que el lado derecho de tu cerebro es capaz de profundizar en tus sentimientos y en tu intuición subconsciente, acercándote a la verdad.

Beneficios físicos

Después de ver el impacto práctico que puede tener el diario en tu vida, ahora quiero ver el impacto que puede tener en tu cuerpo.

Muchos de mis clientes de entrenamiento personal se sorprendieron cuando les pedí que llevaran un diario: estaban acostumbrados a llevar un registro de los ejercicios que habían hecho, de la comida que habían comido y de cómo se sentía su cuerpo como resultado de ello, pero muchos de ellos no habían ido más allá en el territorio emocional y mental del verdadero diario hasta que se lo pedí. Se sorprendieron al descubrir que este tipo de diario, más similar al estilo utilizado en mi práctica de asesoramiento, también tenía un gran impacto en cómo se sentían en su cuerpo y creaba un cambio físico real en ellos. Aparte de su confianza, su postura y sus desequilibrios musculares también progresaron de forma asombrosa en la dirección correcta.

. . .

No debemos subestimar el poder de la conexión entre la mente y el cuerpo, y aunque llevar un diario sólo utiliza tu mente y tu mano para escribir, tiene un impacto masivo en todo ello.

Empezaré por repasar algunos de los efectos físicos, antes de examinar con más detalle dos vías clave por las que el diario afecta a tu cuerpo, a saber, los efectos de la reducción del estrés y la mejora que supone para tu sistema inmunológico.

Antes de entrar en los impactos físicos que todo el mundo puede experimentar, quiero dedicar un momento a explorar algunas de las consideraciones que pueden tener las personas con discapacidades o condiciones de salud crónicas. Como es menos físico, llevar un diario es una actividad factible para muchas personas discapacitadas, especialmente porque también es menos costoso y requiere menos materiales. De hecho, un estudio de investigación sobre los efectos de llevar un diario en aquellos que sufren condiciones médicas crónicas o continuas demostró que sigue teniendo un impacto significativo (Smyth, 2018). De la misma manera que aseguré a los que sufren de condiciones de salud mental que los problemas que enfrentan no son demasiado extremos para ser ayudados por el diario, quiero tranquilizar a los que tienen condiciones físicas graves. El estudio de investigación lo demuestra, ya que llegó a la conclusión de que llevar un diario es una herramienta aceptable para los pacientes médicos, aquellos que ya experimentan algún tipo de enfermedad física, para hacer frente y aliviar con éxito los síntomas de estrés y ansiedad causados por sus otras condiciones. Por lo tanto, si tienes un problema médico, las dos secciones siguientes sobre los beneficios físicos de llevar un diario siguen siendo útiles para ti, ya que seguirás experimentándolos.

Efectos de la reducción del estrés y la mejora del estado de ánimo

El estrés no sólo es perjudicial para nuestra salud mental, sino también para nuestro cuerpo, ya que afecta a todos los aspectos de nuestro organismo. Empezando por la parte superior, puede aumentar la frecuencia e intensidad de los dolores de cabeza, así como alterar los patrones de sueño e incluso provocar insomnio. El estrés hace que el corazón lata más rápido y que los vasos sanguíneos se restrinjan, y el ritmo cardíaco y la presión arterial elevados pueden afectar a las arterias, aumentando el riesgo de infarto. También afecta al estómago, aumentando la producción de ácido y provocando ardor de estómago o problemas en el sistema digestivo. El exceso de azúcar que se libera en la sangre durante los momentos de estrés crea un nivel elevado de azúcar en la sangre, que con el tiempo puede aumentar el riesgo de padecer diabetes de tipo 2. También puedes tener problemas con tu sistema reproductivo, como dificultades para concebir, irregularidades en tu ciclo menstrual o disfunción eréctil. Todo esto puede combinarse para hacer que envejezcas prematuramente. No digo esto para asustarte, sino para que veas lo serio que es el estrés y lo importante que es controlarlo.

Llevar un diario, como forma exitosa de gestión del estrés, reduce estos riesgos. Se ha demostrado que disminuye la presión arterial, reduciendo la tensión del corazón, y mejora el funcionamiento del hígado, que produce el exceso de azúcar (Baikie y Wilhelm, 2005).

Muchos de estos impactos tienen un efecto dominó. Si estás menos estresado y, por tanto, duermes mejor, descubrirás que tu capacidad de procesamiento mental mejora; del mismo modo, estar menos estresado puede reducir el impacto de problemas digestivos como el síndrome del intestino irritable (SII), que puede ser en sí mismo una causa importante de ansiedad y preocupación. En algunos casos, el SII puede ser un ejemplo de enfermedad psicosomática, que tiene sus raíces en el estrés, pero que se expresa físicamente en el cuerpo. Esto no sólo es doloroso de sobrellevar, sino que la frustración y la confusión sobre las raíces de la enfermedad pueden ser igual de perjudiciales. Llevar un diario ayuda a aliviar el estrés y a mantenerte firmemente en la experiencia de tu cuerpo, permitiéndote vigilar los desencadenantes y los remedios para devolverte el control.

Mejora del sistema inmunitario

Algunas de las mejoras en su sistema inmunológico como resultado de la escritura del diario serán un efecto secundario de la reducción de la presión que el estrés ejerce sobre su cuerpo. En un estado de estrés elevado, su cuerpo está lidiando con tantos factores de estrés internos que es mucho más fácil que uno externo, como un virus, supere sus defensas. A medida que el estrés disminuye, el sistema inmunitario se fortalece.

Sin embargo, puedes estar sin estrés o con un estrés mínimo, y aún así sentir los beneficios de llevar un diario en tu sistema inmunológico. Llevar un diario fortalece las células de tu sistema, mejorando su eficacia y reduciendo las posibilidades de que enfermes. Los investigadores han examinado varios aspectos del sistema inmunitario y han descubierto que, en todos los casos, éste mejoraba con el diario (Baikie y Wilhelm, 2005). También se ha comprobado que esta amplia mejora de la fuerza se produce en enfermedades específicas. Un ensayo clínico realizado en 1999 examinó el efecto de la escritura expresiva en personas con asma o artritis reumatoide (Smyth, 1999).

. . .

Los pacientes escribieron un diario sobre sus recuerdos más traumáticos durante cuatro meses, y su salud física y sus síntomas fueron evaluados clínicamente durante todo el proceso. El ensayo descubrió que tanto los enfermos de asma como los de artritis que habían completado la tarea de escritura expresiva informaron de un aumento de la salud física y una reducción de la gravedad de los síntomas.

4

Trucos Del Oficio

En este capítulo, continuaremos con la información dada en el capítulo dos, pero en lugar de ver qué decir, veremos diferentes maneras de decirlo. Te guiaré a través de una serie de técnicas que puedes utilizar para expresarte en tu diario. Debido a que en el capítulo dos hablé con tanto detalle de los diarios de reflexión y de gratitud, no los mencionaré aquí, pero por favor, téngalos en cuenta cuando decida qué técnica emplear en su diario.

Cada técnica viene acompañada de una descripción de lo que es, cómo hacerla bien y las ventajas de utilizarla.

Algunas de las técnicas pueden incluir aspectos de otro estilo y, una vez que te sientas cómodo, puedes elegir entre ellas si es necesario, para crear un método consistente que te funcione. También es posible que, a medida que las situaciones de tu vida cambien, quieras complementar tu método de diario con otra técnica añadida. Por ejemplo, si haces un curso de corta duración, lo que significa que vas a conocer a gente nueva, podrías añadir a tu diario bocetos de personajes, lo que te permitiría captar a las nuevas personas con las que pasas este breve periodo de tiempo. Si estás pasando por una racha difícil en una relación, ya sea con una pareja romántica, un amigo o un familiar, escribirles una carta sin enviar puede ayudarte a aclarar y expresar tus emociones de forma segura. Cada una de estas técnicas es una flecha en tu carcaj, para usarla cuando la necesites.

Diario de notas

Puede que ya estés familiarizado con el bullet journaling, o al menos con su nombre. Es una forma de llevar un diario que ha aumentado exponencialmente su popularidad en los últimos años.

Creado por Ryder Carroll, surgió de sus problemas para tomar notas debido a su discapacidad de aprendizaje, y del deseo de crear un sistema que funcionara para él. Por suerte para el resto de nosotros, ha compartido con nosotros su proceso de anotación en el diario.

A continuación, describiré el proceso, pero para obtener más información puedes consultar su sitio web, https://bulletjournal.com/pages/learn.

CÓMO CREAR EL DIARIO DE VIÑETAS

El diario de viñetas es un marco de módulos, llamados Colecciones. Hay cuatro Colecciones esenciales para el diario, el Índice, el Registro Futuro, el Registro Mensual y el Registro Diario. El índice funciona como cualquier índice, excepto que se encuentra en la parte delantera del diario. Es importante numerar las páginas de tu diario para asegurarte de que puedes aprovechar al máximo las ventajas del Índice, que te permitirá ver rápidamente dónde están tus otras Colecciones. El Diario del Futuro es una forma de llevar la cuenta de las fechas que ocurrirán después del mes actual de escritura. Puedes utilizar una plantilla anual o ceñirte a una guía de seis meses. Es el lugar en el que se pueden anotar los cumpleaños, los planes de vacaciones y los plazos importantes. Mirar tu cuaderno de bitácora te dará una visión general del futuro próximo, lo que te mantendrá motivado e ilusionado.

. . .

Cada mes, puede mover los elementos del Registro Futuro de ese mes a su Registro Mensual, como se muestra arriba. El Registro mensual consta de dos páginas. Una es un Calendario que le ofrece una visión general del mes, al igual que el Registro de Futuros. La segunda página es una página de Tareas, y aquí puedes escribir cualquier objetivo que quieras alcanzar este mes.

La siguiente página es el Registro diario, en el que se anotan los acontecimientos del día, las tareas que tienes que realizar y si las haces, así como las notas del día. Estas son las recopilaciones esenciales de un diario de viñetas, pero puedes añadir cualquier otra, como listas, registros de gratitud, seguimiento de hábitos o incluso mapas mentales y garabatos.

Como su nombre indica, tus registros se componen tradicionalmente de entradas con viñetas, utilizando tres símbolos diferentes para diferenciar entre Tareas, Notas y Eventos. Para los eventos, utilice un punto circular, para las notas, un guión, y para las tareas, un punto sólido, como los que he utilizado para la lista de avisos.

Las viñetas de las tareas pueden separarse en cinco categorías, con el simple punto de una tarea incompleta que se transforma en una cruz cuando se completa, una flecha hacia adelante cuando se mueve a una semana separada o a una colección diferente, una flecha hacia atrás para las tareas que se han movido al Registro del Futuro, y simplemente dibujando una línea a través de ella si la tarea ya no necesita completarse. De esta manera, con sólo mirar las viñetas, puedes ver qué Eventos, Notas y Tareas necesitas para tu día.

Se puede dar más contexto a estas viñetas básicas añadiendo símbolos adicionales, llamados Significadores.

Un indicador básico que puede emplearse es el asterisco, que puede utilizarse para indicar tareas urgentes o importantes que deben realizarse en ese plazo, pero también puede inventarse uno propio, dependiendo de la información adicional que se necesite regularmente sobre las viñetas.

El movimiento de las viñetas, al que me referí brevemente con las flechas hacia adelante y hacia atrás, se llama Migración. Cada mes, cuando hagas tu nueva planilla mensual, revisa la antigua para ver si hay tareas incompletas. Mueve las que creas que aún deben hacerse a tu nueva planilla mensual usando una flecha hacia adelante, reescribiendo la tarea en el nuevo registro, y tacha las que creas que no son importantes para avanzar.

Considerar tus Tareas de esta manera y hacer el esfuerzo de categorizarlas y moverlas te ayudará a filtrar cuáles son realmente importantes y necesarias, y cuáles te hacen perder tiempo y energía.

Quizá sea obvio que el bullet journaling es una forma de crear un registro diario de tu vida. Una de las ventajas de su forma de registro rápido es que mantiene tu vida clara y organizada, dándote una sensación de control. El sistema de Migración es útil para forzarte a considerar cómo gastas tu tiempo y cuáles son tus prioridades realmente. Aunque su estructura básica es la de una herramienta de programación, tiene la flexibilidad necesaria para que añadas los pensamientos y consideraciones más profundos que conforman un diario, ya sea un párrafo corto en tu Diario o una recopilación más larga sobre un tema u objetivo específico. También puedes llevar los aspectos del diario que te interesan a un formato más flexible, si el marco del diario te parece demasiado restrictivo. Muchas personas que escriben en el diario de viñetas también citan el placer estético que obtienen de su diario como un factor de motivación, ya que puede ser una tarea creativa gratificante a la que te apetece dedicar tiempo.

Bocetos de personajes

Un boceto de personaje es una forma útil de inmortalizar a las personas que te rodean en tu diario. Puedes utilizar esta técnica para retratar a un familiar o a un amigo.

Puede ser una forma muy valiosa de ver a ese ser querido con nuevos ojos y renovar tu amor y aprecio por él.

Hacerlo antes de una ocasión festiva, como su cumpleaños, puede refrescar tus pensamientos sobre él y ayudarte a que ese día sea especial. Por otro lado, si una relación pasa por un momento difícil, hacer un retrato robot de la persona aclarará tus sentimientos, ya que te darás cuenta de cómo habéis cambiado y os habéis distanciado, o podrás darte cuenta de la importancia de vuestra relación y trabajar para salvarla. También puedes utilizarlo para documentar a tus amigos y familiares antes de los periodos de agitación. Si te vas a graduar en la universidad o te vas a mudar de ciudad, hacer bocetos de tus amigos antes de que todo cambie puede ser una fuente de gran consuelo y recordarte, en una reflexión posterior, cómo era tu vida entonces. Sin embargo, no sólo tienes que hacer bocetos de personas que conoces. Puedes documentar a las personas con las que pasas un tiempo corto pero intenso, ya sea en un crucero o en un curso, haciendo un boceto al principio y al final de tu tiempo con ellos, y viendo los cambios en vuestra relación.

Los esbozos de personajes se utilizan con frecuencia como puntos de partida para las historias, pero aquí los utilizaremos como una forma de crear una instantánea de una persona.

Puede ser difícil saber por dónde empezar un esbozo de personaje. Escribir todo lo que sabes sobre esa persona puede resultar fácilmente confuso y abrumador; en su lugar, puedes dividirlo en categorías. Escribe su nombre en la parte superior de la página del diario y, a continuación, deja espacio para cinco listas diferentes alrededor de la página. Etiquétalas como "Apariencia", "Acciones", "Habla", "Ubicación" y "Sentimientos".

En Apariencia, anota todo lo que puedas sobre el aspecto de esa persona. Puedes perfeccionar tu boceto yendo más allá de los detalles básicos como el color del pelo y de los ojos. ¿Cuál es el rasgo que te sirve para reconocerlo entre la multitud? ¿Cómo cambia su rostro cuando está contento o disgustado? ¿Cuál es su ropa favorita?

En Acciones, piensa en los hábitos que tiene esta persona o en las rutinas que sigue. ¿Es torpe?

¿Tiene alguna actividad o deporte favorito? ¿Cómo expresa sus emociones?

En cuanto al habla, considere cómo hablan, así como lo que dicen. ¿Hablan en voz baja? ¿Siempre te saludan de la misma manera? ¿Tienen apodos el uno para el otro, o alguna broma interna entre ustedes?

La ubicación no significa dónde están en este momento, sino dónde se les ve más o dónde les gusta pasar la mayor parte del tiempo. Aquí puedes describir la escena con más detalle.

Por último, en cuanto a los sentimientos, piensa en cómo te hacen sentir. Si le resulta difícil expresarlo con palabras, piense en lo que le hace ilusión verlos o en lo que siente después de hacerlo. Al organizar tus pensamientos en estas categorías, podrás construir una imagen de esta persona, que puedes complementar con una imagen real si lo deseas, por supuesto.

Los esbozos de personajes se realizan mejor como complemento de un sistema de diario, en lugar de formar la columna vertebral de ese sistema.

Esto se debe a su estrecho enfoque: no ofrecen la posibilidad de incluir un registro diario ni de hacer planes para alcanzar tus objetivos. En su lugar, piensa en ellos como útiles complementos de tu rutina diaria. Como he mencionado, pueden añadir una instantánea emocional a tu diario o ayudarte a aclarar tus sentimientos. Con un poco de creatividad, pueden utilizarse como parte del proceso de fijación de objetivos. Hacer un retrato robot de alguien con quien tienes que relacionarte para conseguir tus objetivos, como un jefe difícil, por ejemplo, puede ayudarte a considerar y aclarar cómo te vas a dirigir a esa persona y qué estrategia funcionará mejor para conseguir lo que necesitas de la interacción.

Momentos capturados

. . .

Un momento capturado es similar en forma e intención a un boceto de personaje, pero puede ser ligeramente más complejo. El principio de un boceto de personaje, el deseo de capturar la esencia de alguien importante para usted o para su vida en ese momento, se amplía a cualquier momento importante.

Puede tratarse de un logro que desee recordar, como una nueva oferta de trabajo, o el momento en que anuncian su nombre en la graduación, una práctica que realice con regularidad, como un cumpleaños, una fiesta religiosa o un acontecimiento cultural, o simplemente una forma de centrarse en los detalles de su día a día.

Muchos de nosotros vivimos los grandes acontecimientos de la vida un poco borrosos, abrumados por la emoción del día. Elegir un momento del día en el que centrarse puede ser una valiosa contrapartida a este desenfoque, ya que te obliga a reflexionar sobre el día y decidir qué aspectos del mismo lo hicieron tan mágico. Dedicar tiempo a reflexionar sobre ese momento mediante un diario no sólo mejora el recuerdo del día, sino que le proporciona un registro escrito que podrá atesorar y que también servirá de chispa para esos recuerdos. Esto puede ser especialmente valioso como parte de un ritual repetido. Capturar un momento de tu cumpleaños cada año te proporcionará detalles clave que te darán una idea de quién eras a cada edad, en qué circunstancias vivías, qué disfrutabas y valorabas y quiénes eran los más importantes para ti.

Puede que disfrutes tanto del proceso de captura de momentos que lo incorpores a tu diario.

Dependiendo de lo que funcione para ti, podrías utilizarlo como un espacio de reflexión cada día, eligiendo el momento de ese día que sea más valioso para ti, o que hayas disfrutado más, o que sientas que ejemplifica ese día. Si esto te parece demasiado, puedes convertirlo en un evento semanal, o elegir un día a la semana para probar este momento de reflexión añadido.

Cuando se intenta capturar un momento con palabras, una buena manera de empezar es con los aspectos prácticos de la situación. ¿Dónde estabas? ¿Con quién estabas? ¿Qué hora es? ¿Qué ha sucedido en los momentos previos? ¿De qué estabais hablando? Pasa a los aspectos más emocionales: ¿cómo te sentías? ¿Estabas cansado o preocupado por los acontecimientos anteriores? ¿Era una actividad que esperabas disfrutar o que pensabas que odiarías? Si es necesario, puedes utilizar algunas de las preguntas planteadas en la sección de Esbozo del personaje si el momento depende en gran medida de la persona con la que estabas interactuando.

Ahora que has preparado la escena, describe el momento. Puede que quieras empezar de nuevo con los hechos literales del evento, antes de pasar a tus pensamientos y sentimientos en ese momento. A continuación, dedica un tiempo a reflexionar sobre el momento: ¿cómo te hizo sentir el resto del día? ¿Por qué elegiste este momento para grabarlo? ¿Qué podrías aprender de ese momento y tratar de repetirlo?

Añadir estos momentos a tu diario puede hacer que se sienta más conectado a tu vida y te ayude a alejarte de una entrada de diario desnuda.

Cápsula del tiempo

La creación de una cápsula del tiempo en tu diario sigue los mismos principios que la captura de momentos.

Quieres pintar una imagen de la escena, de modo que cuando vuelvas a ella te sientas como si te hubieras transportado allí. Una cápsula del tiempo difiere de la captura de un momento en que la cápsula del tiempo suele ser mucho más amplia, abarcando más de su vida que un solo momento. Si puedes elegir un solo momento para capturar la totalidad de tu vida en ese momento, entonces hazlo, pero a muchos de nosotros nos costará elegir sólo uno. Tu diario está orientado al futuro por naturaleza, pero escribir una cápsula del tiempo es escribir directamente con el futuro en mente: piensa en qué futuro te gustaría conocer de tu vida ahora e intenta capturar esas cosas.

Si te parece que llevar tu vida al papel es una tarea demasiado grande, puedes utilizar la técnica de capturar el momento si crees que es una forma útil de empezar a escribir, eligiendo uno o dos momentos de cada área de tu vida, como la universidad, el trabajo, la familia o tus aficiones. Estos momentos se irán acumulando y formarán un collage más grande de tu vida en este momento, que podrás recordar más adelante. Como también mencioné en la sección Momentos capturados, puedes vincular tu cápsula del tiempo a un acontecimiento determinado, como un cumpleaños o unas vacaciones, y utilizar estas celebraciones anuales también como momento de reflexión.

Cartas no enviadas

. . .

Hay dos tipos de cartas no enviadas que puedes escribir: las dirigidas a ti mismo y las dirigidas a otros. Empecemos por las que te escribes a ti mismo. Escribir una carta a tu futuro yo puede ser otra forma de hacer una cápsula del tiempo, diciéndote lo que es importante para ti en este momento y cómo esperas que sea tu vida cuando la leas.

Sin embargo, no sólo tienes que escribir a tu futuro yo, sino que también puedes escribir a tu yo más joven. Esta puede ser una herramienta increíble para ver lo lejos que has llegado y reflexionar sobre los acontecimientos que has vivido y los retos que has superado.

Podrías escribir una a tu yo del pasado como parte de una reflexión después de cada objetivo que consigas, felicitándote por tu éxito y reflexionando sobre las estrategias que mejor te funcionaron.

Escribir una carta a tu yo más joven también puede ser reconfortante, sobre todo si has vivido algo traumático en el pasado. Hablar con tu yo más joven y tranquilizarlo también puede servir para tranquilizarte a ti mismo ahora, y recordarte lo lejos que has llegado y lo que has tenido que soportar. Si te resulta difícil felicitarte a ti mismo, intenta escribir la carta desde la perspectiva de otra persona, ya sea alguien que te apoye o un extraño.

Escribir desde su perspectiva puede ayudarte a abrirte y ser capaz de reconocer tus logros y atributos positivos.

Este tipo de carta puede ser intensamente emocional y puede hacer aflorar algunos sentimientos incómodos del pasado. Al advertirte de esto ahora, espero que te prepare para cualquier sentimiento difícil y puedas asegurarte de que estás en un espacio mental cómodo para comenzar este proceso.

El segundo tipo de carta no enviada es la que se escribe a otra persona. Hay varias razones por las que puedes querer escribir una carta a alguien y no enviarla. Una de las razones principales es que puede ser una forma sana de liberar la ira y la frustración, especialmente en una situación que no puede resolverse mediante una discusión sana con la fuente de tu ira. Por ejemplo, un mal jefe que te carga repetidamente de trabajo extra, o que nunca te da crédito por tu trabajo o tus ideas, pero al que no puedes plantear estas cuestiones por miedo a ser despedido. Escribir una carta de enfado puede servirte de desahogo y reducir el estrés reprimido por la situación, con todos los beneficios que aprendimos en el capítulo tres.

Escribir estas cartas puede ser una herramienta productiva en tu caja de herramientas para lidiar con el dolor, si tienes la mala suerte de estar experimentando eso en este momento. Puede ser una forma maravillosa de continuar la relación que tenías con esa persona, y seguir sintiendo esa sensación de cercanía con ella.

Una carta sin enviar puede ser una forma maravillosa de expresar tus sentimientos de amor, ya sea para aquellos a los que ya no puedes decírselo, o para los que no quieres.

Puede que no quieras confesar tus sentimientos a alguien, o que sepas con seguridad que no serán correspondidos, pero expresarlos en una carta puede darte una sensación de cierre.

De hecho, todas estas formas de escribir cartas pueden darte un cierre, claridad y una sensación de calma. Es posible que reconozcas la necesidad de escribir una carta no enviada si algo surge repetidamente en tu práctica habitual del diario, y sientes que una carta te dará la catarsis necesaria para seguir adelante.

Diálogos

Escribir un diálogo puede parecer algo que sólo hacen los dramaturgos, pero si te funciona, puede ser una herramienta productiva para llevar un diario. Toma una situación que te ponga nervioso o para la que necesites estar preparado y escribe lo que quieres decir. Puede ser una forma muy útil de clarificar tus ideas en el discurso y asegurarte de que toda la información que quieres transmitir se transmite con claridad y seguridad. El diálogo va un paso más allá, ya que puedes considerar las respuestas que podrías recibir a tu discurso y prepararlas. Para que sea un ejercicio productivo, hay que intentar ser lo más realista posible sobre las posibles respuestas de los demás. Esto puede ser difícil, pero al final te hará estar mejor preparado para la situación real.

Crear un diálogo puede ser una forma útil de practicar para situaciones profesionales y personales. Es posible que tengas que mantener una conversación difícil con un amigo, un familiar o tu pareja, y el hecho de preparar las posibles vías de diálogo te hará sentir más seguro, además de reducir las posibilidades de que la conversación se desvíe, o de que digas algo de lo que luego te arrepientas.

También es posible que se acerque una presentación o una entrevista, y escribir en el diario un posible diálogo puede prepararte y aliviar tus nervios.

Aunque te he advertido de que estos diálogos deben ser realistas, escribir un diálogo idealista o muy poco realista tiene un propósito diferente, pero igualmente útil. Puede que te sientas tonto o infantil al hacerlo, pero escribir el diálogo de una conversación onírica puede mejorar tu estado de ánimo y ayudarte a tener una idea más clara de cómo son tus sueños y objetivos. Por ejemplo, escribir el diálogo entre tu enamorado y tú, en el que te declara su amor eterno y enumera las infinitas razones por las que eres la mejor persona del mundo, puede parecer una actividad adolescente sin sentido, pero sirve para varias cosas. En primer lugar, tu diario es un lugar privado en el que puedes divertirte y abrazar todas tus emociones; en segundo lugar, pensar en lo que diría tu enamorado puede ser un excelente ejercicio para aumentar la confianza en ti mismo; y en tercer lugar, puede ayudarte a aclarar qué es exactamente lo que buscas en una pareja romántica, o a consolidar tu deseo de tener una, que luego puedes poner en práctica.

. . .

Listas

Para muchas personas, las listas serán la columna vertebral de su práctica del diario, por lo que es importante elaborar el método de elaboración de listas que mejor funcione para ti. Pueden ser una forma excelente de organizar toda la información que guardas en tu diario; desde las tareas diarias que necesitas completar hasta los eventos importantes y los pasos que darás para alcanzar tus objetivos. En la sección Bullet Journaling se describe un método para mantener tus listas organizadas y claras, pero si ves que ese sistema no es el adecuado para ti, hay algunas reglas sencillas que debes tener en cuenta al hacer una lista. Piensa en la cantidad de información que necesitas para cada punto: ¿ver algo como "reunión a las 16.30" hará que tu mente recuerde el resto de los detalles? ¿O necesitas incluir en tu lista con quién es y de qué se trata?

Con esta información en mente, piense en el espacio que necesitará para su lista. Asegúrate de que todo esté bien espaciado en tu página, ya que así podrás ver los puntos clave de un vistazo. Si te preocupa cómo completar una tarea, haz una lista de las subtareas que la componen y trabaja en ellas. Asegúrate de que, si no mantienes la lista visible a lo largo del día, vuelvas a ella con frecuencia, tachando tus logros y recordándote lo que aún tienes que hacer.

Las listas también pueden ser más creativas. Puedes hacer listas sobre cualquier cosa: llevar una lista de canciones, películas o libros favoritos que hayas leído. Puedes utilizar las listas para reflexionar, contando tus experiencias favoritas del año o tus cosas favoritas sobre ti mismo. Las listas pueden orientarse hacia el futuro, dando cabida a todos tus sueños y objetivos. También puedes utilizar las listas para intentar resolver problemas, utilizando una cuota. Con este método, escribe tu problema en la parte superior de la página, y luego establece una cuota de soluciones que se te ocurran. Intenta que sea un número totalmente exagerado, como 100. Tener que pensar en 100 soluciones para tu problema puede parecer una locura, pero te obligará a considerar todas las opciones posibles y a pensar fuera de la caja de soluciones típicas. La combinación de practicidad, flexibilidad y creatividad inherente a una lista la convierte en un método de escritura de diario increíblemente valioso.

El peor de los casos

Aunque puede ser desagradable considerar la opción del peor escenario, puede ayudarte a largo plazo, ya sea para trabajar y evitar que ocurra alguna vez, o para asegurarte de que, si ocurre, estarás bien equipado para afrontarlo.

No tienes que considerar los peores escenarios a gran escala, como el apocalipsis o las catástrofes naturales.

Pensar demasiado en los peores escenarios irreales puede tener el efecto contrario, haciendo que te vuelvas paranoico en lugar de tranquilo, y que te entre el pánico en lugar de la tranquilidad.

Para practicar esto, toma como foco de atención una de las fuentes de preocupación más acuciantes en este momento. Puede ser una charla en público que tengas que hacer, un proyecto o tarea difícil, o una entrevista que quieras que salga bien. Escribe la situación en la parte superior de la página, siendo breve. Entrarás en más detalles cuando empieces el proceso del peor caso, así que trata de no quedarte atascado en los detalles en la introducción.

Una vez que hayas empezado a pensar en la situación, escribe lo peor que podría pasar. Esto puede ser bastante rápido e instintivo, ya que a menudo es el peor escenario el que ha estado en primera línea de tu mente, causando tu preocupación. Intenta profundizar en el escenario, por muy incómodo que te resulte.

Una vez que tengas los detalles desagradables, puedes empezar una nueva sección. ¿Cuáles son las posibles reacciones que podrías tener si esta situación se produjera realmente? Reconoce el malestar que tendrías, pero también intenta pensar en las medidas prácticas que podrías tomar para aliviarlo. Trabajar en el peor de los casos y salir por el otro lado en una serie de soluciones debería calmar sus temores al respecto, y tranquilizarse de que, pase lo que pase, usted y su diario pueden hacer frente a todo. También puede ser valioso volver al peor escenario después de haber realizado la tarea, incorporándolo a tu reflexión y expresando tu gratitud por haber sido capaz de afrontarlo.

Fijación de objetivos

A lo largo de este libro he hablado de la fijación de objetivos como piedra angular del diario, pero aquí quiero centrarme en formas concretas de utilizar el diario para establecer claramente tus objetivos y trabajar para alcanzarlos. La forma de hacerlo dependerá de cómo funcione tu mente y de los conocimientos que tengas sobre tu objetivo.

Si no tienes una idea clara de tu objetivo, pero sabes que quieres hacer un cambio en tu vida, revisa las entradas de tu diario y anota los problemas que surgen repetidamente, tal vez frustraciones en el trabajo o problemas en una relación. Por ejemplo, digamos que llegas crónicamente tarde a todo, a pesar de intentar ser puntual, y eso empieza a frustrar a tus amigos y compañeros.

Una vez que hayas identificado tu problema, haz una lluvia de ideas sobre posibles soluciones. Si te sientes frustrado en el trabajo, ¿se debe a que tu función se ha quedado pequeña y necesitas más retos, o un cambio de puesto, o se trata de un problema menor, como un proyecto difícil, en un trabajo que por lo demás te gusta?

En mi ejemplo, la solución es sencilla: tienes que mejorar tu gestión del tiempo. A continuación, piensa en las formas en que puedes lograr esta solución.

Puede haber una sola opción importante, como cambiar de trabajo, o una serie de ajustes de distinto tamaño que puedes hacer, como aceptar más trabajo que te interese y hablar con tu jefe para mejorar el equilibrio entre tu vida y tu trabajo.

Una vez que hayas decidido lo que vas a hacer, haz una lista de todos los pasos que tienes que dar para lograr tu objetivo, desglosando las tareas si es necesario. A continuación, empieza a programar los cambios que vas a realizar. En el ejemplo, esto podría sonar así: "Para mejorar mi gestión del tiempo, me levantaré media hora antes para tener suficiente tiempo por la mañana.

Empezaré mañana y continuaré durante los 30 días necesarios para crear un hábito. Si me va bien, añadiré otro hábito: programar alarmas para cuando tenga que salir de casa para quedar con la gente, y lo haré durante 30 días. Entonces revisaré si mi impuntualidad se ha solucionado".

Trabajar con constancia y calma en tus hábitos y objetivos significa que es menos probable que te sientas intimidado por los retos, y mucho más probable que te levantes para afrontarlos.

. . .

Diario de sueños

Al igual que la escritura de la corriente de la conciencia, llevar un diario de sueños puede ser una forma valiosa de salir de la mente consciente ordenada y aprovechar lo que la mente inconsciente está tratando de decirte. La mayoría de las personas tienen una idea del efecto que su vida de vigilia puede tener en sus sueños, más comúnmente en casos de estrés o alta presión. Estas emociones pueden tener un efecto negativo en el sueño y en el estado de ánimo, provocando interrupciones del sueño, insomnio e incluso pesadillas. Pero también puede descubrir que sus sueños pueden tener un efecto recíproco sobre usted. No se trata sólo de cómo se ve afectado su estado de ánimo por la falta de sueño, sino también del efecto que puede tener en usted el contenido de sus sueños. Si tienes un sueño positivo, en el que eres feliz y tienes éxito, te despertarás sintiéndote inconscientemente más feliz y con más confianza en ti mismo. Si tiene una pesadilla, puede despertarse con una sensación de nerviosismo que le acompañará durante el resto del día. Entonces, si los sueños tienen tal efecto sobre nosotros, ¿cómo podemos registrarlos y trabajar con ellos? Dado que los sueños se nos escapan con facilidad, lo mejor es registrarlos inmediatamente después de despertarnos. Mantén tu diario cerca de la cama, para que anotes cualquier cosa que hayas experimentado durante la noche.

. . .

Anota todo lo que puedas recordar, aunque sean sólo fragmentos de sueños.

Por supuesto, si ves que no sueñas muy a menudo, puede que esta técnica no te sirva o que sólo necesites registrar tus sueños con muy poca frecuencia. Si sueñas con regularidad, puedes considerar la posibilidad de adquirir un diario específico para tus sueños. Aunque la ciencia que subyace a los significados y símbolos de los sueños es ahora más discutida, tus sueños pueden decirte mucho sobre tu vida. Cualquier patrón repetido que observes significará cuestiones significativas para tu subconsciente, y en las que deberías centrarte. Intenta también hacerte una idea del estado de ánimo del sueño, que podría decirte más cosas sobre el tuyo.

Mano no dominante

Aunque escribir con la mano no dominante puede parecer un divertido truco para fiestas, puede ser otra valiosa forma de acceder a la creatividad interior. En el nivel más básico, como escribir con la mano no dominante nos resulta tan extraño, hace que todo el proyecto de escribir sea nuevo.

. . .

Es menos probable que volvamos a nuestros patrones de pensamiento habituales, ya que tenemos que prestar mucha más atención al movimiento de nuestra mano.

Como es más difícil escribir, tienes que ser mucho más intencionado con lo que quieres decir, y puede que descubras que eres capaz de reducir las ideas a sus cualidades esenciales. Escribir con la mano no dominante también puede abrir diferentes áreas de tu cerebro, ayudándote a combinar la creatividad y la expresividad con la lógica y la racionalidad (Purcell, 2016). Esta estrategia requiere paciencia y, de nuevo, puede que no funcione como parte de una práctica diaria de escritura (¡a menos que disfrutes de garabatos caóticos!), pero puede ser una actividad útil si te sientes atascado o frustrado, ya que te ayudará a sacudir tu mentalidad.

5

Desarrollo Personal

En este último capítulo, quiero combinar toda la información que te he dado sobre los beneficios de llevar un diario con las técnicas expuestas en el capítulo cuatro, para centrarme exactamente en cómo puedes hacer que el diario funcione para ti. Aunque los beneficios de llevar un diario son universales, aquí veré cómo puede ayudar con objetivos específicos y problemas de salud mental, y es posible que si no sufres esos problemas, esas secciones sean menos relevantes para ti. Te animo a que las leas si quieres, ya que incluso si no sufres problemas extremos como la ansiedad o la depresión, puede que encuentres consejos sobre cómo regular y potenciar tu estado de ánimo.

. . .

Comenzaré examinando brevemente la larga historia del diario con las prácticas de terapia y asesoramiento.

El diario no puede utilizarse siempre como sustituto de la terapia, y si sientes que necesitas ayuda profesional, te animo encarecidamente a que acudas a alguien, pero puede funcionar perfectamente en combinación con ella, como exploraré.

La segunda sección de este capítulo funcionará casi como un conjunto de planes de entrenamiento, ya que te llevaré a través de una serie de problemas comunes y estableceré las formas en que puedes hacer que tu diario sea intencional y se centre en la solución de cada problema. Esto resume las lecciones que he aprendido de cada una de mis carreras, y lo que diferencia mis consejos y práctica del diario de otros. Aunque, por supuesto, hay que tener en cuenta que llevar un diario es algo intensamente personal, y que el éxito de cada técnica será diferente dependiendo de cómo responda tu cerebro a ella, estos planes de entrenamiento personal deberían funcionar como un punto de partida. Una vez que empieces, te harás una idea de lo que te funciona y lo que no y podrás ajustar los planes para que te funcionen.

Relación con la terapia

. . .

El diario, como habrás adivinado, tiene una relación increíblemente complementaria con la terapia.

Han estado entrelazados desde la década de 1960, con las clases de Diario Intensivo del Dr. Progoff, y la posterior publicación de varios libros destinados a guiar al lector hacia un yo más feliz y equilibrado, a través de una combinación de técnicas terapéuticas y basadas en el diario. Con frecuencia, para los problemas de salud mental de menor impacto, los médicos recomiendan llevar un diario como forma de conocer y procesar las emociones. En los casos de mayor riesgo, el diario suele formar parte de una serie de estrategias utilizadas para mejorar la salud mental y aliviar la carga de problemas como la depresión y la ansiedad. Doy a todos mis pacientes de asesoramiento un diario, sea cual sea su problema, ya que creo fervientemente que llevar un diario no sólo puede aliviar los problemas, sino también actuar de forma preventiva, manteniendo el equilibrio emocional y evitando cualquier recurrencia.

Similitudes entre el diario y la terapia

El objetivo de la terapia, sobre todo de la terapia cognitivo-conductual y otros métodos basados en la conversación, es conseguir que el paciente reconozca los pensamientos perjudiciales y cree nuevos patrones de pensamiento y acción, para alejarse de los ciclos de pensamiento perjudiciales y adoptar un modo de vida más saludable.

Para ello, se utiliza una combinación de trabajo con un terapeuta y tareas para casa. Puedes hablar de tus miedos con un terapeuta, que puede proporcionar una voz disidente segura para tus patrones de pensamiento, empujándote suavemente a cuestionar tus suposiciones y creencias insanas. A menudo, este suave empuje, o el hecho de que te pidan que expliques tus pensamientos, puede hacer que empieces a desenmascararlos y a ver las creencias insanas que los originan.

Los terapeutas suelen pedir a sus clientes que trabajen en esto fuera de sus sesiones, que suelen ser breves, ya que sólo con la repetición se puede practicar la eliminación de los pensamientos insanos y su sustitución por otros más saludables. Hay toda una serie de ayudas para ello, que a menudo se presentan en forma de hojas de trabajo. Estas hojas te llevan paso a paso por el proceso, guiándote. Lo más evidente es que estas hojas de trabajo se hacen eco del proceso de llevar un diario. Al forzarte a escribir sobre tus pensamientos y a considerarlos con más atención, en ambos casos puedes tener una idea más sana de qué pensamientos son útiles y cuáles no. Al igual que un aviso en un diario, las hojas de trabajo te empujan a considerar cuestiones que antes no habías considerado y a reexaminar tus pensamientos. Este es el proyecto más amplio tanto del asesoramiento como del diario: animarte a intimar con tus propios pensamientos y, por lo tanto, a tener más control sobre ellos y sobre tu vida.

Cómo el diario puede complementar la terapia

Debido a las similitudes entre el diario y la terapia, es posible que creas que no hay necesidad de hacer ambas cosas y que se trata de una situación de o bien. Esto no es cierto. Si estás viendo a un consejero, puedes llevar un diario y, de hecho, esto puede ser muy beneficioso para el proceso de asesoramiento.

Una nota rápida de advertencia: por favor, no intentes manejar problemas de salud mental graves por tu cuenta.

Si sientes que te estás poniendo en peligro, habla con alguien de confianza, o con un profesional, que pueda asegurarse de que tu práctica del diario te está apoyando de la mejor manera, o complementarlo con otros enfoques.

Llevar un diario es una herramienta brillante en tu kit de herramientas porque mejora tu autoconciencia. Cuanto más consciente seas de ti mismo, más fácil te resultará identificar los pensamientos insanos.

Tu diario te proporcionará un espacio seguro para analizar tus pensamientos, lo que estás aprendiendo en el asesoramiento y cómo aplicar estas lecciones a los acontecimientos que provocan ansiedad. Puedes planificar para avanzar con suavidad y seguridad, estableciendo objetivos que te ayuden a reprogramar tus pensamientos. El diario está tan en sintonía con las necesidades y los métodos del asesoramiento que incluso existe una práctica explícita de "terapia de diario", iniciada y perfeccionada por la psicoterapeuta Kathleen Adams, en la que el diario es una parte esencial de la sesión de terapia, haciendo uso de diferentes ejercicios de escritura (Adams, s.f.).

Escribir un diario con un propósito

Aunque todas las formas de llevar un diario se hacen con un propósito, ya sea para obtener un sentido más completo de tu proceso de pensamiento, para ganar control sobre tu vida, o para trabajar hacia el logro de tus sueños a través del establecimiento de metas, en esta sección vamos a ver cómo orientar tu práctica de llevar un diario hacia ciertos problemas que puedas estar experimentando. Algunos de ellos están más alineados con la idea de llevar un diario como herramienta para la salud mental, ya que veré formas de aliviar las emociones negativas, controlar la ansiedad y hacer frente a los traumas.

También veré formas de impactar positivamente en tu confianza y autoestima, así como consideraciones más prácticas como organizar tu vida, lograr tus metas y manejar situaciones estresantes. Como he mencionado anteriormente, estos planes de entrenamiento pretenden ser sugerencias para empezar, y a medida que vayas avanzando, si ves que necesitas ajustar el plan o sustituir una técnica por otra más adecuada para ti, adelante. Esto puede ser incluso una señal de éxito, ya que indica lo bien que te conoces a ti mismo y a tus necesidades. Una vez más, siéntase libre de alternar entre los planes para encontrar los que sean relevantes para usted, o que contengan información útil para usted, incluso si no está afectado específicamente por estos temas.

Gestión de las emociones

Si tu práctica habitual de escribir en el diario te hace aflorar muchas emociones negativas o te indica tu falta de control sobre esas emociones, quizá quieras complementar tu práctica con algunas técnicas específicamente diseñadas para ayudarte a gestionar esas emociones abrumadoras. Una de las técnicas es la carta sin enviar, que mencioné en el capítulo cuatro, y que es especialmente útil si tus emociones están siendo especialmente provocadas por otra persona.

Escribir una carta a esa persona puede ayudarte a expresar tu emoción extrema y a regular tus sentimientos hacia ella. Esto forma parte de una estrategia más amplia llamada Diario en Profundidad, en la que escribes explícitamente sobre las fuentes de tus emociones negativas y de tu ansiedad, con el fin de escribir a través de ellas y sanarlas. Para ello, puedes utilizar la técnica de flujo de conciencia del capítulo 4, ya que puede que necesites empezar con las molestias superficiales antes de poder avanzar hacia tus miedos y preocupaciones subconscientes.

Llevar un diario en profundidad puede funcionar como una forma de limpieza, realizada a diario durante un tiempo, para purgarte de los problemas del pasado y hacerte sentir más equilibrado. Establece la intención de sentarte todos los días, quizás como parte de tu rutina de diario, y escribe sobre una cosa que te cause una emoción negativa. Puedes establecer un límite de tiempo, si crees que eso puede ser beneficioso para ti, y hay indicaciones disponibles para estimularte, como "¿Qué sentimientos evitas?" o "¿Te sientes validado? Si no es así, ¿por qué no?" o "¿De qué te has culpado en tu vida?".

Si crees que necesitas más estructura, hay un par de ejercicios que puedes incorporar a tu diario.

El primero te ayuda a identificar tus emociones pidiéndote que las describas de nuevas formas. Puedes tomar la emoción que sientes actualmente, o elegir una como "felicidad" o "vergüenza" para analizarla, y hacerte la pregunta "¿De qué color sería este sentimiento?"

Puedes sustituir el color por otro objeto o concepto, como "música" o "clima". Pensar en las emociones de este modo puede desafiar a tu cerebro a centrarse en las cualidades específicas de cada una, ayudándote a identificarlas en el futuro.

El segundo ejercicio se centra en potenciar tus emociones positivas. Escribe una descripción de un momento feliz de tu vida, asegurándote de anotar cada detalle utilizando las técnicas del Momento Capturado. Cuando te sientas triste, vuelve a esta descripción para recordarte que te has sentido feliz antes y que volverás a hacerlo.

Aumentar la autoestima y el amor propio

Hay una serie de ejercicios similares que puedes hacer para aumentar tu autoestima.

Puede ser difícil reconocer cuando tenemos una baja autoestima; nos decimos a nosotros mismos que sólo estamos siendo realistas y que es importante tener una idea clara de nuestros puntos fuertes y débiles. Esto es cierto, pero si puedes nombrar muchos más puntos débiles que fuertes, o te cuesta pensar en algún logro que hayas conseguido, quizá debas considerar que tu sentido de ti mismo es inexacto y que te vendría bien un empujón. La autoestima, al igual que otros patrones de pensamiento, puede considerarse como un músculo: hay que entrenarlo para fortalecerlo y luego se convertirá en algo natural.

Una forma de aumentar tu autoestima es reservar parte de tu tiempo de diario para centrarte en esta formación.

. . .

Intenta hacer una lista de las cosas que te gustan de ti mismo -puede ser cualquier cosa, pero intenta centrarte en aspectos de tu personalidad además de en cosas físicas.

Si te resulta difícil, empieza por hacer una lista de cumplidos que te hayan hecho otras personas para darte algunas sugerencias. Puedes continuar con esta lista, anotando los cumplidos que recibas, pero ten cuidado de no centrarte demasiado en la validación de los demás.

El hecho de que otras personas te aprecien puede servir de base para tu autoestima, pero tienes que centrarte en apreciarte a ti mismo, sin depender únicamente de los demás. Otra forma de facilitar el inicio de tu viaje hacia el amor propio es utilizar un estímulo: hazte preguntas como:

- ¿Qué puedo perdonar?
- ¿Qué es lo que me hace sentir mejor?
- ¿Qué me hace sentir amado? ¿Cómo puedo hacerlo por mí mismo?
- ¿Cuáles son los logros de los que me siento más orgulloso?
- ¿A qué situaciones difíciles he sobrevivido? ¿Qué fuerza me ha dado eso?

- ¿Qué actividades me hacen feliz? ¿Cómo puedo hacer más de ellas?

Si te cuesta responder a estas preguntas, no te desanimes, pero sigue intentándolo. Si no consigues dar con las formas que mejor te sientan, prueba algunas a lo largo de la semana y vuelve para ver cuáles puedes añadir a tu lista. También puedes incorporar este entrenamiento a tu práctica diaria. Intenta terminar tus anotaciones en el diario con una lista de tres cosas que te gustan de ti mismo o que has hecho bien ese día.

Aumentar la confianza

La autoestima y la confianza en uno mismo están entrelazadas, por lo que puedes combinar las actividades de esta sección con las de la anterior, para conseguir un enfoque doble. Por ejemplo, escribir sobre tus logros pasados también aumentará tu confianza. Hay ejercicios que puedes hacer para centrarte específicamente en tu sentido de la confianza para mejorarla aún más. Uno de estos ejercicios es dividir la página de tu diario en dos. En un lado, describe una situación en la que te hayas sentido seguro y en control. En la otra, escribe una situación en la que no te hayas sentido seguro de ti mismo. A continuación, trata de examinar la diferencia entre estas situaciones: ¿puedes identificar algún factor que haya contribuido a tu sensación de confianza y que puedas repetir en el futuro?

Otro ejercicio que puedes probar es tomarte un tiempo para escribir sobre quién quieres ser. En la versión ideal de ti mismo, ¿qué haces? ¿Qué rasgos de personalidad has cultivado? Puede animarte a ver las semillas de tu yo ideal en el actual, y los pasos que ya has dado, así como a solidificar tus planes futuros. También te recordará las razones por las que estás tratando de reforzar tu autoestima, para asegurarte de que puedes hacer realidad esa versión ideal de ti mismo.

Del mismo modo, intenta escribirte una frase de ánimo para cuando no te sientas seguro de ti mismo. Para obtener los mejores resultados, hazlo como parte de tu diario de reflexión después de lograr uno de tus objetivos.

Tener constancia de lo bien que te has sentido al conseguir tu objetivo te recordará que debes seguir esforzándote para conseguir el siguiente.

Afirmaciones

. . .

Las afirmaciones pueden ser una herramienta muy valiosa para aumentar la confianza en uno mismo, aunque pueden utilizarse para ayudar en cualquier aspecto de la salud mental en el que quieras centrarte.

Una afirmación es una frase corta que puedes repetirte a ti mismo y que establece una intención positiva para tu día. Puede que seas escéptico sobre el poder de las afirmaciones para cambiar nuestra mentalidad. Pero a lo largo de este libro he destacado el poder de la escritura para cambiar tus pensamientos, y las afirmaciones son otro ejemplo de ello.

La terapia cognitivo-conductual se basa en el principio de que lo que piensas y haces afecta a tu estado de ánimo y a tu comportamiento, por lo que al cambiar los bucles de pensamientos negativos en los que puedes estar atrapado, transformas tu estado de ánimo y luego tu vida. Este proceso aprovecha la neuroplasticidad de tu cerebro para realizar esta reconexión.

La mejor manera de establecer afirmaciones es por la mañana, aunque también puedes hacerlo por la noche para el día siguiente, si eso funciona mejor con tu horario habitual de escritura. Para que te hagas una idea de lo que es una afirmación, aquí tienes algunos ejemplos:

- Soy fuerte y tengo éxito.
- Diré que no cuando lo necesite.
- Soy valioso y confiado.
- Veo el éxito en mi futuro.
- Estoy tranquilo y tengo el control.
- Soy capaz de hacer frente a cualquier cosa que ocurra hoy.

Puedes usar cualquiera de estos ejemplos como tu afirmación, y si necesitas más, hay aplicaciones digitales que puedes descargar que te darán afirmaciones personalizadas en tu teléfono para cuando las necesites.

Algunos ejemplos son Unique Daily Affirmations en la tienda de aplicaciones de Apple, o I am-Daily Affirmations si tienes un dispositivo Android.

También puede ser muy gratificante hacer tu propia afirmación, adaptada exactamente a ti. Utiliza la primera persona y el tiempo presente en tu afirmación y recuerda que debe ser breve y sencilla. Decide en qué área de tu vida quieres centrarte. Puedes establecer intenciones para liberarte de creencias negativas o fomentar tus cualidades positivas. También puedes establecer una afirmación para el día que tienes por delante, centrándote en acontecimientos específicos que tendrán lugar y en las cualidades que necesitarás para tener éxito en ellos. Si lo necesitas, puedes establecer más de una afirmación, pero asegúrate de que sean afirmaciones sencillas y no te des demasiadas para concentrarte en ellas a la vez. Una vez que tengas tus afirmaciones, escríbelas con pasión, y repite el proceso varias veces, para fijar adecuadamente la intención en tu mente.

Cómo afrontar el trauma

Llevar un diario puede ser una forma valiosa de afrontar el trauma y el posterior TEPT, ya que le prepara mejor para gestionar sus síntomas.

En un nivel básico, entrar en contacto con tus emociones y pensamientos a través de tu diario te ayudará a sentirte más en control de tu cerebro y, con suerte, a reducir los síntomas. También hay estrategias que puedes utilizar para ayudarte.

La primera es la documentación. No solemos escribir mucho en tiempo presente en nuestros diarios, aparte de las afirmaciones y la escritura libre, y nos centramos en los acontecimientos pasados que nos han ocurrido y en nuestras esperanzas para el futuro. La documentación es una forma de escritura libre que se centra en cómo te sientes en el presente. Puedes hacerlo tantas veces al día como necesites, y basta con que te tomes cinco minutos para escribir un diario sobre cómo te sientes en ese momento. También puedes centrarte en las sensaciones físicas: ¿tienes hambre? ¿Qué siente tu cuerpo en ese momento? ¿Tienes frío o calor?

Esta técnica está diseñada para ayudar con la disociación, ya que te devuelve a tu cuerpo, y te hace centrarte en el momento presente. Puedes hacer esto durante un periodo de tiempo más largo, todavía centrándote en tus sentimientos y necesidades en el presente, y te ayudará a centrarte en el lugar donde estás ahora, y no en tu momento de trauma.

Un método para mirar hacia atrás de forma saludable en su trauma pasado es el diario de contención. Es similar al diario de la peor situación posible, ya que describes el momento traumático o las ansiedades que te agobian.

. . .

Este puede ser un proceso delicado, por lo que debes establecer un límite de tiempo para ti mismo, y regalarte un poco de autocuidado después. Si se hace correctamente, puede ser una forma útil de distanciarse del trauma y contenerlo dentro de la página. Puede que quieras hacer esto junto con un ejercicio más positivo, como una "Respuesta de Amor" (Amy, 2016). Aquí, una vez que has hecho una sección de escritura libre, la examinas en busca de cualquier tema que haya surgido, y luego escribes una respuesta a ellos, centrándose en dar sólo apoyo y amor. Esto puede parecer una tontería, pero imagina que estás escribiendo a un amigo, y muéstrate a ti mismo el mismo amor que le mostrarías a él. En la misma línea, también puedes utilizar el diario de gratitud para reorientar tu vida y centrarte en lo positivo.

Gestión del estrés

El estrés es un término general que abarca una variedad de sensaciones y desencadenantes diferentes.

Por ello, puede que los consejos de la sección Calmar la ansiedad o Gestionar las emociones también sean útiles aquí, y viceversa. Sin embargo, tengo algunos consejos específicos para abordar directamente las situaciones estresantes y trabajar para manejarlas con éxito. Uno de los métodos consiste en empezar por identificar exactamente cómo te sientes y qué es lo que lo provoca. Esto se puede hacer simplemente escribiendo "me siento..." y terminando con tus emociones. Puedes empezar con la expresión "estresado", pero intenta profundizar si puedes en adjetivos más específicos.

Una vez que tengas esta lista, crea una lista a continuación con los desencadenantes de tus sentimientos. Haz que cada punto sea corto y dulce, para que puedas ver claramente qué es lo que te hace sentir abrumado. Muchos de estos puntos pueden ser tareas que tienes que hacer: crea una lista de todo lo que tienes que hacer y luego ordénalo todo por prioridad, teniendo en cuenta la sensibilidad al tiempo y la importancia general.

Una vez que tengas esto, puedes empezar a introducir las tareas en tu agenda diaria. Con suerte, una vez que tengas tus tareas planificadas, tu estrés se reducirá, ya que vuelves a tener el control. Asegúrate de programar también algunas actividades de autocuidado para cuidar de ti mismo.

Otro método para controlar el estrés es examinar detenidamente tus estrategias de afrontamiento: ¿cómo manejas el estrés? ¿Funcionan estas estrategias? ¿Cómo podrías mejorarlas para liberarte de la presión? Estos son métodos a largo plazo para aliviar el estrés, pero también te daré un par de indicaciones rápidas para usar en el momento, para ayudarte a conectarte con la tierra.

También pueden ser útiles para tratar la ansiedad si es necesario. El primero es hacer un balance de tu cuerpo.

Haz un inventario por escrito de cómo se siente tu cuerpo y comprueba si hay algo que puedas aliviar. Por ejemplo, tensión en el cuello o los hombros, opresión en el pecho o apretar la mandíbula. Intenta relajar los músculos y respirar profundamente un par de veces. El otro ejercicio consiste en imaginar un lugar relajante al que puedas ir y escribir sobre él. Intenta describir lo que verás, olerás, escucharás y sentirás cuando estés allí. Escribir sobre ese lugar te ayudará a acceder a él y a aliviar tu estrés.

Mejorar la organización

Muchas de las técnicas para mejorar tu capacidad de organización ya se han comentado.

En la sección anterior sobre la Gestión del Estrés, he hablado de cómo priorizar las tareas que tienes que hacer y empezar a programarlas en tu agenda. La técnica del "Bullet Journaling" descrita en el capítulo 4 también es un modelo útil para mejorar tu organización. Aunque no sigas todos los símbolos y registros con exactitud, el concepto de llevar la cuenta de las tareas en bloques mensuales, semanales y diarios, con mucha flexibilidad entre los tres, es un modelo útil para llevar la cuenta de tu vida en general.

Empezar a organizar tu vida en tu diario es la parte más difícil, ya que una vez que tengas un modelo básico, puedes repetirlo con los cambios necesarios de una semana a otra. Puede ser útil empezar con una lista amplia de la semana, anotando los eventos regulares o las tareas que tienes que hacer cada semana. A continuación, haga una lista de los elementos que le gustaría, o que tiene que, hacer cada día: puede incluir su tiempo de diario, sus aficiones, el tiempo que pasa con sus amigos, su familia o sus mascotas, o sus rutinas de ejercicio.

Empieza a combinar las dos cosas, haciendo coincidir tus actividades diarias deseadas con las necesarias.

Es posible que no consigas realizar todas las actividades deseadas en un día, y si te encuentras con prisas entre ellas es posible que tengas que editar tu horario, pero tenerlas en tu horario puede impulsarte a sacar tiempo para ellas, en lugar de perderlo en tareas inútiles o en procrastinar. Si miras tu agenda, podrás darte cuenta de las secciones de tiempo libres, en las que puedes incorporar más tareas.

Asegúrate de ser realista sobre el tiempo que te llevan las tareas y lo que puedes conseguir, para no sobrepasar tus límites y agotarte. Añadir cosas gradualmente puede ser una forma brillante de ampliar suavemente tus capacidades y hacer más cosas.

Aumentar la felicidad

Este plan de entrenamiento para introducir más alegría en tu vida tiene cuatro puntos principales, pero descubrirás que la sensación de control y éxito que te aporta llevar un diario también aumentará de forma natural tus niveles de felicidad. La primera estrategia para aumentar tu felicidad es sentir placer en el proceso de escribir el diario. Aunque tenga un gran impacto en tu vida, deberías ser capaz de disfrutarlo.

. . .

Esto es más fácil una vez que hayas encontrado el método de llevar un diario que mejor te funcione, ya que sentarse a escribir un diario puede ser fácilmente algo que esperes con ansias. A pesar de la imagen estética de perfección con la que se asocia el diario, intenta dejar de lado cualquier tendencia perfeccionista al escribirlo. Es más importante que funcione para ti que que parezca bonito. Por supuesto, si te gusta el aspecto estético de tu diario, aprovecha tu lado artístico y tu creatividad. Para ayudarte a disfrutar del proceso, intenta decir o pensar pensamientos positivos mientras lo haces. Puede que te sientas un poco tonta al pensar "estoy disfrutando mucho haciendo esto" o "me alegro mucho de dedicar tiempo a hacer esto para mí", pero como hemos visto a lo largo de este artículo, tus pensamientos tienen un poder increíble y puedes entrenar a tu cerebro para que adopte patrones de pensamiento más positivos. También puedes hacerlo después de escribir tu diario, ya sea diciendo "me ha encantado escribir hoy" o siendo más específico. Pensar en algo que hayas ganado inmediatamente con el diario de ese día te ayudará a ver todos los beneficios que aporta a tu vida y te hará estar más decidido a seguir.

Esta es una versión más específica del diario de gratitud, que es la segunda estrategia que puede utilizar para aumentar sus niveles de serotonina.

. . .

He mencionado brevemente los diarios de gratitud en el capítulo dos, ya que pueden ser un excelente estímulo para empezar a escribir un diario, pero también pueden funcionar a largo plazo como parte de su estrategia de felicidad.

Tomar la decisión consciente de dar las gracias por las cosas de tu vida no sólo te hace más feliz, sino que te hace estar más abierto a las posibilidades de felicidad que te rodean. Para ello, puedes utilizar una lista de cosas que agradeces cada día, o simplemente hacer un esfuerzo consciente para centrarte en los acontecimientos positivos del día. Si te cuesta pensar en más de una o dos cosas, cambiar a un aviso de tres o cinco elementos de gratitud puede ayudarte a practicar. Una vez que empieces a entrenar tus músculos de la gratitud, te resultará cada vez más fácil detectar las cosas positivas en tu vida, aunque al principio sean engañosas.

Sin embargo, no te limites a agradecer a los demás, sino que intenta dirigir esta gratitud hacia ti mismo. Agradécete a ti mismo al final de tu sesión de diario por tomarte el tiempo de escribirlo y por abrirte a la felicidad.

. . .

El tercer método para mejorar tu felicidad a través del diario es aprovechar el autoconocimiento que te proporciona el diario. Podrá identificar los momentos de verdadera felicidad, evaluar sus causas y trabajar para incorporarlas a su vida cotidiana. Incluso saber qué es lo que te hace sentir miserable puede aliviar tu miseria, porque no te sorprenderá y podrás planificar actividades para mejorar tu estado de ánimo en torno a la actividad negativa.

El cuarto y último consejo para aumentar su felicidad es centrarse menos en las listas y las actividades. En lugar de hacer una lista de tareas centrada en actividades, céntrate en a quién vas a ver. Esto tiene dos aspectos: en primer lugar, en lugar de ver "café" o "comida" en tu agenda y estresarte, ver "Eric para comer" y "Lauren para tomar un café" puede aumentar tu estado de ánimo, ya que centra tu atención en tus amigos, y en esa sensación de conexión, en lugar de hacer que cada evento se sienta como otra aburrida tarea que marcar. También puede adoptar un enfoque que dé prioridad a la conexión a la hora de planificar su tiempo: haga una lista de las personas a las que quiere ver y programe intencionadamente un tiempo con ellas para mejorar su estado de ánimo.

. . .

Luego, puedes revisar tu diario y ver todos los momentos de conexión que tienes, aumentando tu felicidad.

Calmar la ansiedad

Tanto si luchas contra un trastorno de ansiedad generalizado como si simplemente quieres centrarte en los pensamientos de ansiedad que puedas tener, los consejos que aquí se ofrecen te ayudarán a centrarte en tus ansiedades. Por supuesto, puedes incorporar consejos de otras secciones relevantes para crear un conjunto completo de enfoques si así lo deseas. Quiero empezar mencionando brevemente las técnicas del capítulo cuatro que serían especialmente útiles para controlar la ansiedad. Escribir un diario sobre el peor escenario posible puede ser una buena forma de apoyarse en la ansiedad, reconocer sus miedos y resolverlos. Si su ansiedad está causada por otras personas, una carta sin enviar puede volver a funcionar para ayudarle a soltar parte del peso que lleva. En un nivel más básico, el control que tendrás sobre tu vida a través del diario y la programación diaria debería aliviar algunas de tus ansiedades. Para ello, puedes incorporar una página de notas varias a tu diario.

. . .

A menudo, la ansiedad puede provenir de intentar retener demasiadas cosas en nuestra cabeza a la vez, ¡incluso si son cosas positivas!

Mantener una sección de notas misceláneas o de "todo" significa que cualquier cosa que quieras recordar puedes anotarla rápidamente y transferirla a la sección apropiada de tu diario en una fecha posterior si es necesario (Thompson, 2017). En lugar de tener que hacer malabarismos con todos estos pensamientos e ideas en tu cabeza, puedes estar tranquilo porque tu diario te cubre la espalda.

En cuanto a la lucha contra los pensamientos ansiosos, también puedes cuestionarlos en tu diario. Puedes hacerlo de manera informal, dedicando un momento al final de tu diario para comprobar si hay alguna suposición o patrón de pensamiento negativo sobre el que hayas escrito. Si identificas alguno, intenta desafiarlo con suavidad: pregúntate si tu suposición es siempre cierta o si hay otras opciones que podrías considerar. Puedes hacerlo de manera más formal, utilizando un sistema de columnas.

En la primera, escribe tu problema, en la segunda, tus sentimientos al respecto, y en la tercera, lo que piensas.

. . .

Luego, en la cuarta, vuelve a examinar tus pensamientos, buscando pruebas a favor y en contra. En la última columna, escribe la versión realista de tus pensamientos, con lo que has aprendido.

Utilizar varias de estas técnicas cuando lo necesites te ayudará a controlar y minimizar tu ansiedad.

Mindfulness

La práctica de la atención plena puede ser otra forma beneficiosa de regular las emociones y la ansiedad y de calmar el cerebro. Basada en una forma de meditación, consiste en cultivar la conciencia del cuerpo, los pensamientos y el entorno en el momento presente. La atención plena consiste en practicar la aceptación, observando tus pensamientos y sentimientos y dejándolos pasar por tu mente sin juzgarlos. Intenta no centrar tu atención en ningún pensamiento, ya sea negativo o positivo, sino que deja que cada uno de ellos pase por tu mente a medida que va surgiendo. Esto te ayuda a centrarte en el presente y a poner tus pensamientos en perspectiva.

. . .

El mindfulness se originó en el budismo, pero su versión secular se ha hecho cada vez más popular, ya que la gente se ha dado cuenta de los increíbles beneficios que puede aportar. Es una poderosa herramienta para regular las emociones, aumentar la positividad y reducir las emociones negativas y el estrés.

Ponerse en contacto con la mente ayuda a potenciar el sentido de uno mismo y puede aclarar las creencias y lo que es importante para uno, haciéndolo más resistente, amable y seguro. Practicar el mindfulness es otra forma de moldear nuestro cerebro, ayudando a las áreas asociadas con la empatía, la memoria, las emociones y el conocimiento.

El mindfulness también puede tener un impacto en nuestro cuerpo: como la práctica de mindfulness a largo plazo puede ayudar a nuestro sistema inmunológico a responder más rápidamente a las amenazas. Los beneficios de estar más tranquilo y menos estresado también se reflejan en la mejora de la calidad del sueño que puedes experimentar como resultado de tu práctica. Hacer que tu práctica del diario sea más consciente es una gran manera de potenciar los resultados del diario y puede hacerse muy fácilmente.

. . .

Gran parte del diario reflexivo es naturalmente consciente, pero hay algunos toques adicionales que puedes añadir para adoptar plenamente el diario consciente.

No he hablado de ningún tipo de preparación antes de escribir el diario, porque no quería hacer el proceso más complicado o desalentador, pero una vez que te hayas asentado en tu rutina de diario, incorporar algunos ejercicios rápidos antes de empezar a escribir puede ser una forma realmente rápida y fácil de hacer tu diario más consciente.

Puedes empezar por concentrarte en tu respiración e intentar entrar en un estado de atención plena antes de poner el lápiz en el papel. Esto puede ser más fácil de hacer con un disparador, como un ejercicio de respiración corta. Inspira profundamente durante siete segundos, mantén la respiración durante cuatro y expira durante ocho segundos. Repetir este ejercicio unas cuantas veces hará que seas consciente de tu respiración y calmará cualquier ansiedad que puedas llevar en el pecho. Cuando te sientas tranquilo, vuelve a respirar normalmente y coge el bolígrafo.

. . .

Si esto no es suficiente, puedes probar un ejercicio más activo, como la meditación a pie. Elige una distancia corta que esté libre de obstáculos y camina por ella.

Intenta concentrarte en tus movimientos: ¿cómo se siente tu cuerpo en movimiento? ¿Qué partes de tu cuerpo se mueven?

¿Cómo se sienten tus pies cuando tocan el suelo y cuando regresan? Este proceso es ligeramente diferente al de salir a pasear, otra forma útil de calmar la mente y centrar la atención, porque no se trata tanto de dónde vas o qué ves, sino de registrar cómo se mueve y siente tu cuerpo.

Utilizar esto como desencadenante de tu diario puede ser una forma valiosa de iniciar la conversación contigo mismo que continuarás en tu diario.

Puedes continuar con este viaje de atención plena en tu escritura, teniendo en cuenta algunas pautas sencillas. La primera es que la atención plena consiste en involucrar a todo tu cuerpo. Por eso, cuando describas algo, asegúrate de que tienes todos los sentidos puestos en ello. Puede ser fácil centrarse en lo que vemos y oímos, pero intenta tener en cuenta también lo que puedes oler, saborear y sentir. Pensar en tu cuerpo como un todo coherente, en lugar de en unas pocas partes seleccionadas, puede ayudarte a sentirte más enraizado y a reducir la ansiedad.

Por otro lado, también puede ser beneficioso centrarse en las pequeñas cosas. Elige un pequeño detalle de tu día y escribe en profundidad sobre él.

Detenerse y considerar estos detalles, como una hermosa flor que hayas visto, o la luz del sol reflejada en el cristal de una ventana, puede ser una forma realmente valiosa de prestar más atención a tu existencia diaria y, en última instancia, llevar una vida más consciente.

Conclusión

A lo largo de estas páginas te he transmitido mis conocimientos y mi experiencia con el diario y he intentado convencerte de lo mucho que creo que puede cambiar tu vida. Espero que ahora tengas una idea de por qué lo creo, y de la gama de beneficios que puede aportarte.

Llevar un diario es tan poderoso que puede reentrenar tu cerebro, aprovechando tu neuroplasticidad para moldearte en nuevos patrones de pensamiento. La dedicación a este trabajo puede ayudarle a controlar sus emociones y a deshacerse de los patrones de pensamiento negativos. Esto puede ayudar a aliviar los síntomas del trauma, la ansiedad y otros problemas de salud mental. A su vez, también puede ayudarte a mejorar tu estado de ánimo, dedicando tiempo a sentir gratitud por lo que tienes y a trabajar para conseguir lo que no tienes.

Darte cuenta de ti mismo es vital para ayudarte a tomar el control y dejar de sentir que tu vida se escapa de ti.

Como también he mencionado, escribir un diario también puede tener un impacto físico en tu bienestar. Si te sientes desvinculado de tu cuerpo, lo que es más común de lo que crees dado que gran parte de nuestras vidas se basan ahora en la tecnología y las plataformas online, el acto de escribir un diario puede ayudarte a volver a arraigar en tu cuerpo y ganar un nuevo sentido de aprecio por él. A ello contribuyen también las mejoras que el diario puede aportar a tu cuerpo, ayudando a tu sistema inmunitario, a tus patrones de sueño y a tus órganos a recuperarse de los efectos del estrés.

Debido a estos beneficios, existe un campo creciente de investigación e información en torno al diario. Aunque esto puede ser increíblemente valioso, también puede ser desorientador y confuso navegar por las opiniones contradictorias en torno al diario. Espero haber sido capaz de abrirme paso entre el ruido y señalar algunas habilidades y técnicas clave para que te las tomes en serio. La primera de ellas es la importancia de convertir el diario en un hábito diario, ya que sin esa estructura, no podrás construir el autoconocimiento y la disciplina tan esenciales para el proyecto del diario. Es fácil decir: "Haz de esto un hábito", como hacen muchas guías, sin reconocer las dificultades de crear un hábito.

Mi carrera como entrenador personal me ha hecho conocer bien las dificultades de establecer una rutina, especialmente cuando la tarea puede parecer inicialmente ardua o abrumadora.

Aunque el aspecto diario de llevar un diario hace la vida mucho más fácil, no es esencial, sólo muy recomendable. Se pueden obtener más beneficios con aportaciones más regulares, pero si sigues cogiendo un bolígrafo y escribiendo con intención de vez en cuando, esto es sin duda más valioso que nada.

Sin embargo, utilizando los consejos y trucos que te he dado, deberías sentirte seguro de que puedes trabajar para crear estas rutinas saludables para ti, aprendiendo más sobre ti mismo y sobre cómo trabajas mejor en el proceso. Para ayudarte a iniciar el proceso, el capítulo cuatro ofrece un conjunto de técnicas básicas, que puedes utilizar como bloques de construcción para formar tu práctica del diario.

Un horario diario será la columna vertebral de tu diario, pero hay muchas maneras de hacerlo, si una simple lista no te sirve. Optimizar tu horario para que sea centrado, agradable y orientado a los objetivos puede tener rápidamente un efecto en la forma en que trabajas y vives tu vida, y te sorprenderá el tiempo que tienes, una vez que empieces a utilizar parte de él para escribir tu diario.

Varias de las técnicas que he mencionado son útiles para tratar temas específicos de tu vida o para combatir emociones concretas, y puedes cambiarlas dentro y fuera de tu práctica cuando sea necesario. También se pueden utilizar junto con los planes de entrenamiento que describí en el capítulo cinco, que pueden ser un punto de partida útil para el registro en el diario, si es necesario, o pueden ser un complemento útil para resolver cualquier problema que notes que surge en tu práctica habitual.

Estos planes y técnicas se han diseñado para que sean lo más sencillos y fáciles de usar posible, sobre todo porque quiero que puedas usarlos. Quiero que puedas dejar este libro y coger inmediatamente un diario. Esto puede parecer exigente, pero creo firmemente que una vez que conozcas los beneficios de llevar un diario, por supuesto querrás incorporarlos a tu vida lo antes posible. ¿Por qué ibas a retrasar el inicio de un proceso que te aportará todo lo que deseas y te impulsará hacia tu vida ideal? Sí, puede ser un proceso largo, y puede haber contratiempos, pero con tu diario, estarás armado con la persistencia para seguir trabajando, y la confianza para capear cualquier tormenta que la vida intente lanzarte. Creo que la mejor manera de llevar un diario es con un propósito, y ¿qué propósito más elevado hay que intentar llevar la mejor vida posible y transformarse en la mejor versión posible de uno mismo?

Tu diario es un espacio seguro garantizado para que crezcas, te apoyes y te empujes hacia ese nuevo yo, y te insto a que empieces inmediatamente.

www.ingramcontent.com/pod-product-compliance
Lightning Source LLC
Chambersburg PA
CBHW070547100726
47907CB00004B/1306

* 9 7 8 1 6 4 6 9 4 7 4 6 1 *